<u>ACCESO GRATIS</u> ***a la Lectura en la Nube***

Para visualizar el libro electrónico en la nube de lectura envíe junto a su nombre y apellidos una fotografía del código de barras situado en la contraportada del libro y otra del ticket de compra a la dirección:

ebooktirant@tirant.com

En un máximo de 72 horas laborables le enviaremos el código de acceso con sus instrucciones.

FASCISMO: AMENAZA A LA DEMOCRACIA CONSTITUCIONAL

FASCISMO: AMENAZA A LA DEMOCRACIA CONSTITUCIONAL

RAFAEL CABALLERO HERNÁNDEZ
GABRIEL GARCÍA COLORADO

tirant lo blanch
Ciudad de México, 2023

Esta obra pertenece a la Colección Editorial Rumbo al Bicentenario. Centro de Investigaciones Judiciales de la Escuela Judicial del Estado de México. Calle Leona Vicario núm. 301, Col. Santa Clara C.P. 50090, Toluca, Estado de México Tel. (722) 167 9200, Extensiones: 16821, 16822, 16804. Página web: http://www.pjedomex.gob.mx/ejem/

Editor responsable:

Dr. en D. Juan Carlos Abreu y Abreu

Director del Centro de Investigaciones Judiciales

Editora ejecutiva:

L. en D. María Fernanda Chávez Vilchis

Equipo editorial:

L. en D. Jessica Flores Hernández

L. en D. Orlando Aramis Aragón Sánchez

Diseño de portada:

Coordinación General de Comunicación Social

del Poder Judicial del Estado de México

La edición y el cuidado de esta obra estuvieron a cargo del Centro de Investigaciones Judiciales del Poder Judicial del Estado de México.

© TIRANT LO BLANCH
DISTRIBUYE: TIRANT LO BLANCH MÉXICO
Av. Tamaulipas 150, Oficina 502
Hipódromo, Cuauhtémoc, CP 06100, Ciudad de México
Telf: +52 1 55 65502317
infomex@tirant.com
www.tirant.com/mex/
www.tirant.es
ISBN: 978-84-1056-618-7
MAQUETA: Innovatext

Si tiene alguna queja o sugerencia, envíenos un mail a: atencioncliente@tirant.com. En caso de no ser atendida su sugerencia, por favor, lea en www.tirant.net/index.php/empresa/politicas-de-empresa nuestro Procedimiento de quejas.

Responsabilidad Social Corporativa: http://www.tirant.net/Docs/RSCTirant.pdf

Índice

PRESENTACIÓN

En pocas ocasiones se tiene la satisfacción de presentar una obra con la calidad, profundidad, amplitud y rigor académico como el ensayo escrito por los académicos Rafael Caballero Hernández y Gabriel García Colorado, quienes después de análisis y reflexión, pudieron percatarse del resurgimiento de las ideas y proyectos fascistas alrededor del mundo, lo que les provocó la preocupación ante un modelo de Estado que, durante la primera mitad del siglo XX, provocó en diversos países europeos la violación a los más elementales derechos de sus ciudadanos, vividos en atropello, violencia y hasta asesinato; por lo cual se sigue rememorando por cineastas, escritores, filósofos y sociólogos, pero pareciera no estar presente en los estudiosos de la ciencia política; la Teoría del Estado, el constitucionalismo y la Filosofía del Derecho, incluso se han excluido en algunos planes de estudio las asignaturas que se ocupaban del estudio de este pasado ominoso de la historia de las sociedades humanas.

Los autores nos conducen por las principales causas que desencadenaron esta inhumana forma de gobierno, y los principales rasgos que al parecer hacen diferente cada uno de los regímenes fascistas, pero que en realidad permiten visibilizar sus rasgos comunes, así como los principales aliados y cómplices de la tiranía desencadenada, situación que pareciera inaudita después de un siglo de luces democráticas en la Europa occidental, en donde surgió un fenómeno involucionista a la filosofía humanista. La invención o temor a los supuestos enemigos en cada país, fueron uno de los elementos comunes en todos los casos; los comunistas, ateos y masones en Italia, los judíos, los comunistas, las "razas inferiores" en Alemania, los comunistas, ateos, judíos y masones en España, los comunistas en Portugal, a los que en todos los casos señalados sumaron a los homosexuales, los extranjeros, los intelectuales y la prensa libre.

Sin ánimos de generar inconformidad a la iglesia católica, los autores relatan los beneficios y prebendas que el alto clero recibió de este tipo de gobiernos y como actuaron a favor de quienes consideraban una especie de nuevos cruzados en una guerra santa, que argumentaba eliminar al comunismo, la masonería y el judaísmo, a los que algunos católicos consideraban —y siguen considerando— obras del maligno, aunque hoy ya nadie puede ocultar que estos "cruzados" atacaron también a los sacerdotes y religiosos más liberales.

Los autores nos relatan cómo llegan las ideas autocráticas del fascismo a América Latina, espacio en el cual encontraron muchas facilidades para implantarse, en todos los casos que refieren encuentran militares ambiciosos, todos ellos establecen nuevas condiciones y privilegios al alto clero, lo que implica la firma de nuevos tratados con El Vaticano y en todos los casos (Chile, Paraguay, República Dominicana, Bolivia, etcétera) además se benefician las políticas emanadas de Washington, surgidas en medio de la denominada Guerra Fría.

Caso especial es México, donde a pesar de sus muchos errores e incluso vicios y corrupción, lo que se logra es una incipiente democracia y lo que impera es el nacionalismo revolucionario, signo inequívoco de conquista del México revolucionario, el cual los autores consideran que casi ha sido olvidado por los dirigentes del PRI, lo que abre las puertas a expresiones políticas antidemocráticas y clericales, como la generada hace unos pocos meses en el Senado, por un miembro del partido que desde su creación en 1939 hasta que logran la alternancia en el poder en 2000, vivieron si en la derecha, pero apartados de las tentaciones de violencia y entreguismo.

Vaya a los autores mi reconocimiento y les auguro un éxito en sus propuestas y la difusión de este libro; imprescindible para los interesados en la ciencia social, la ciencia política y el derecho.

Dr. Ricardo Alfredo Sodi Cuellar
Presidente del Tribunal Superior de Justicia
y del Consejo de la Judicatura del Estado de México

PRÓLOGO

Cuando se habla de fascismo —ya sea en las conversaciones entre amigos o en los paneles académicos— se acuden frecuentemente a lugares comunes sobre el concepto: abuso de poder, régimen dictatorial, represión estatal, violaciones sistemáticas de derechos humanos, entre otros. En la charla o la discusión política, sin duda, la palabra fascismo está en boca de todos y su uso se da de modo efectista en muchos casos. A veces, suele emplearse como un recurso retórico que extrapola acontecimientos políticos o, en su caso, se lanza como una hipérbole encaminada a denostar un gobierno rival. En muchos foros y medios de comunicación, la noción suele trivializarse para atacar un régimen autoritario o el poder que ejerce un líder carismático o caudillo —según sea la situación— en la población, auxiliado por el brazo musculoso de las fuerzas armadas.

Si acudimos a la historia de las ideas políticas, la cuestión se vuelve genealógica, analítica y conceptual. Parte de la problematización de los antiguos *stasis*. Las atrocidades y los excesos de los gobernantes han sido un asunto recurrente en la basta bibliografía política occidental. Esto se puede observar con el problema del mal gobierno que ha sido teorizado y reflexionado por Aristóteles, Cicerón, Marsilio de Padua, Juan de Mariana hasta llegar al pensamiento de la modernidad con una pléyade de filósofos, politólogos y juristas. No obstante, aún surgen preguntas como las siguientes: ¿Los regímenes autoritarios son fascistas o el fascismo es resultado indeseado de los mismos? ¿El fascismo es una actualización de la antigua tiranía? ¿El fascismo es una categoría política vigente o una categoría que describió un fenómeno político de la historia reciente? ¿Cuáles son las características que el fascismo debe cumplir para que un gobierno pueda considerarse como tal? Estas preguntas son tomadas en serio por los autores de este libro, quienes buscan una aproximación clara y contemporánea sobre esta vieja problemática.

Este libro, monográfico y que vale como un valioso manual sobre el tema, se sitúa en un momento global de coyuntura donde el debate de las ideas en la arena política es un imperativo ciudadano. Las guerras que se libran del otro lado del mundo dan cuenta de un menosprecio —por no decir fracaso— del derecho internacional, los derechos humanos y la diplomacia. Liderazgos en la región con personajes como Milei y Trump suman activos a una tendencia de derechización que, en muchos países, cuenta con un apoyo popular significativo que —por lo menos en los números— "legitiman" dichas decisiones. Esto resulta un verdadero reto para las democracias contemporáneas y constitucionales, pues significa que el electorado ha elegido libremente la opción del gobierno autoritario. ¿Puede esto aproximarnos al temor decimonónico que mantenía la posición conservadora respecto al poder de las mayorías y la necesidad de acotar la decisión popular?

Antes de contestar la anterior pregunta, no hay que caer en anacronismos y extrapolaciones acomodaticias. Un gobierno autoritario no es sinónimo de fascismo y las corrientes contramayoritarias en política han cambiado bastante a partir del siglo XIX. Dentro del espectro de los gobiernos autoritarios pueden vincularse otras categorías como el sistema de partido hegemónico, el estado de excepción, las dictaduras militares, "dictablandas", etc. Esto lo explica muy bien Enrique Dussel en la siguiente cita, centrándose en el fenómeno de la aglomeración partidista:

> (...) los partidos políticos (como en el nazismo con Hitler, en el fascismo de la Italia de Mussolini, en el peronismo de

> Juan D. Perón, o en el PRI mexicano, guardando las enormes distancias) corporativistas, incluyeron a los sindicatos y a otros movimientos sociales en las filas del propio partido político. El «partido» se transformó así en un «movimiento» ambiguo que transitaba del ámbito social, del campo económico, a la sociedad civil (que de hecho anulaba su pluralidad) hasta la sociedad política. Por ello, tendía a ser un «partido único»; en realidad era el «aparato de Estado» de transmisión de arriba hacia abajo del ejercicio de la dominación tiránica (en los fascismos del «centro») o del poder hegemónico (en los «populismos» de la periferia), según los casos.[1]

Siguiendo a Dussel, resultaría necesario esclarecer conceptos extrayéndolos del caudal de la historia. Los autores del presente libro, Rafael Caballero Hernández y Gabriel García Colorado, citan a varios intelectuales, académicos e ideólogos con el objetivo de apuntar una aproximación teórica. Por ejemplo, en un momento remiten a la definición de Norberto Bobbio, quien afirma que "el fascismo es un sistema político que trata de llevar a cabo un encuadramiento unitario de una sociedad en crisis dentro de una dimensión dinámica y trágica promoviendo la movilización de masas por medio de la identificación de las reivindicaciones sociales con las reivindicaciones nacionales".[2] Por su parte, una de las autoras clásicas en la temática, en especial con la radiografía dinámica que representó la publicación de Los orígenes del totalitarismo (1951), Hannah Arendt, al referirse al fascismo italiano advierte que este "se convirtió en el único ejemplo de un moderno movimiento de masas organizado dentro del cuadro de un Estado existente, inspi-

---

1 Dussel, Enrique, *Política de la liberación.* Volumen II. Arquitectónica, Madrid, Trotta, 2009, pp. 220-221.

2 Cfr. Bobbio, Norberto, "Fascismo" en Norberto Bobbio, N. Matteucci y G. Pasquino, *Diccionario de Política,* México, Siglo XXI, 1993.

rado exclusivamente por un extremado nacionalismo y que transformó al pueblo permanentemente en *Staatsbürger* o *patriotes* tales como los que la Nación-Estado había movilizado sólo en tiempos de emergencia y de *union sacrée*".[3]

Los autores parten de la idea de que la aparición del fascismo es una consecuencia de la trayectoria histórica europea, particularmente en la segunda mitad del siglo XX. Se origina a partir de las condiciones económicas, sociales, políticas, culturales y religiosas de la época, esto es, de impulso multifactorial. Para Caballero y Colorado, resulta difícil comprender y explicar la llegada de un nuevo sistema político que, evidentemente, representó un retroceso respecto a la democracia occidental y sus principios como la división de poderes, el reconocimiento de los derechos humanos y la separación entre iglesia y estado. En su visión, este fenómeno parece apartarse de la filosofía humanista. Sobre las características del fascismo como sistema político, este es percibido por los autores como una perturbación del curso normal de la historia y del devenir estatal, específicamente, afectando el progreso social y jurídico de las instituciones. Para los autores, el fascismo representa una interrupción en el continuum histórico.

Sobre la estructura de la obra, los autores desarrollan una ruta crítica interesante. En primer lugar, parten de pensar analítica y conceptualmente el fascismo para hablar después de la "evolución e involución histórica" de ciertas figuras autocráticas, no necesariamente participando de un evolucionismo social o político, sino más bien desde los valores democráticos. Posteriormente, indagan sobre el germen y el surgimiento del fascismo. Esto lo hacen por medio de un contrapunto sincrónico, pues inmediatamente estudian

---

3 Arendt, Hannah, *Los orígenes del totalitarismo*, trad. Guillermo Solana, Madrid, Taurus, 1998, p. 219.

fenómenos actuales como el neofascismo, el racismo y la xenofobia. De esta manera, aterrizan la reflexión en el ámbito nacional y dan cuenta de una breve historia del fascismo en México, considerando además elementos clave como la comunicación y propaganda de los regímenes y su repercusión en el desarrollo intelectual de una nación. En otro apartado describen "La derechización del PRI y la pérdida del nacionalismo revolucionario como identidad política". Finalmente, a partir de un ejercicio de derecho y cine o, en su caso, política y cine, ilustran como dicha manifestación cultural permite comprender mejor los gobiernos fascistas desde adentro y afuera.

No cabe duda que este libro dará mucho que reflexionar y hablar en un contexto mundial de polarización política y resurgimiento de la mano dura para resolver los problemas públicos. *Fascismo: amenaza a la democracia constitucional* vale como un estudio monográfico y manual sobre la materia que debe ser leído por todos aquellos interesados en comprender los peligros del abuso de poder y sus consecuencias culturales. Para alcanzar la anhelada justicia transicional, antes hay que palpar la herida, es decir, conocer las figuras, mecanismos y tecnologías biopolíticas de la represión. Este libro ayuda a eso.

Manuel de J. Jiménez Moreno

Coyoacán, octubre del 2023

I. FASCISMO: MUSEO DE GRANDES NOVEDADES

> Unos días sí, otros no, estoy sobreviviendo sin un rasguño, por la caridad de quien me detesta. Y tu cabeza está llena de ratas, te compraste las acciones de esta farsa. Y el tiempo no para. Yo veo al futuro repetir el pasado, veo un museo de grandes novedades...
>
> Bersuit Vergarabat

Entendemos, junto con Hans Kelsen, que la autocracia es aquella forma de gobierno en la que las personas destinatarias de las normas no participan o son excluidas de la toma de decisión (creación) de las mismas, es decir, las normas y decisiones políticas fundamentales "les caen de arriba". El fascismo es una modalidad de la autocracia, entendida también como la forma de gobierno en la que el mandatario no tiene el deber de responder de sus acciones ante ningún tipo de control o mecanismo político y social; lo que se puede explicar desde una perspectiva sociológica, política y económica. La figura del autócrata no se encuentra sujeta a ninguna ley o marco constitucional que limite o modere su poder.

Algunos ejemplos de regímenes autocráticos son las antiguas monarquías absolutas europeas o las dictaduras de cualquier tipo de ideología; resaltando que el elemento autócrata supone la personificación del poder en una sola persona, mientras que en los sistemas dictatoriales o autoritarios suele realizarse por medio de élites políticas, militares o económicas; colectivos que, por medio del estado, controlan y dirigen la vida de un territorio en particular.

Por lo general, esta consecución de poder se realiza por la fuerza, mediante golpes militares, guerras civiles o levantamientos populares que luego son utilizados por algún abusivo.

Al igual que ocurre con otros sistemas de aglutinación de responsabilidades, en la autocracia el gobierno ejercido por el líder es incuestionable y no admite discusión, tampoco la creación de organizaciones de la sociedad civil o de partidos políticos opositores. La característica principal de esta modalidad de autoritarismo es que el mantenimiento del poder requiere prohibir la posibilidad de oposiciones en el país, incluyendo partidos políticos legítimos.

Las autocracias se caracterizan por ser gobiernos autoritarios, hostiles hacia la oposición política y cualquier tipo de actor social que disienta con la ideología del régimen. De allí que desarrollen un fuerte aparato de vigilancia y control sobre la población para evitar alzamientos, todo ello, mediante herramientas de opresión social.[4]

En cuanto al ámbito privado, este sistema lo suprime, incluyendo a amplios sectores de la burguesía, quienes no tienen posibilidad de gozar de libertades individuales y colectivas; se pierde el poder de mercado bajo las ordenanzas y legislaciones estatales; para controlar los precios se mantiene una oferta de productos de consumo y servicios; por último, se intenta convencer a la población de las ventajas de este tipo de régimen. En este tipo de estados, la economía suele presentar un carácter monopolístico u oligopolís-

---

[4] Equipo Editorial de Indeed, «Liderazgo autocrático: ventajas, desventajas y características», Indeed, 5de diciembre, 2022, <https://mx.indeed.com/orientacion-profesional/desarrollo-profesional/liderazgo-autocratico>.

tico,[5] esto se debe a que los sectores económicos son regidos por un reducido número de empresas, la mayor parte de ellas públicas y con escaso nivel de competencia.

Este sistema de gobierno se compara con las antiguas monarquías absolutistas, en donde el poder era ejercido por la figura del rey o monarca. Un ejemplo es la forma de gobierno que imperó en la Rusia zarista entre los siglos XVII al XIX. En efecto, la autocracia es la principal característica de las dictaduras, en las que todo el poder recae sobre una sola persona o élite; es ejercido sin limitaciones por encima del resto de los poderes públicos (legislativo y judicial), arbitrariamente y con una actitud hostil, de control y vigilancia permanente hacia la oposición política del régimen y el resto de la población.

Las formas de autocracia que se han desarrollado a lo largo de la historia fueron monarquías absolutas, como la que se vivieron en Europa antes de que ocurriera la Revolución francesa, o bien, las dictaduras modernas. Algunas características de estas formas de gobierno son:

- No existe la autonomía política.
- No se reconocen los derechos humanos de la población.
- Se suprimen las libertades básicas como la de expresión y asociación.
- El dirigente autócrata y su círculo cercano carecen de responsabilidades sobre sus actos, llegando a modificar la ley de acuerdo con sus intereses.
- No existen autoridades revisoras ni de control.

---

5 Myriam Quiroa, «Competencia oligopolista», Economipedia, 1 de octubre, 2021, <https://economipedia.com/definiciones/competencia-oligopolistica.html>.

- La violencia sirve como elemento de supresión de la asociación civil.
- No existe competencia económica.
- El Poder legislativo y judicial se reducen a ser herramientas de la autocracia, sin autonomía y supeditadas al poder central.
- La política y participación ciudadana son suprimidos o convertidos en actos de mero trámite.
- Se robustece la autocracia con una élite social que apoya los intereses políticos, creando una oligarquía que obedece al autócrata.

Para sostenerse en el poder los autócratas recurren al miedo y a la violencia, lo que trae consecuencias negativas para la población –a excepción de quienes conforman la cúpula elitista y la nueva oligarquía que apoyan al gobierno–, entre las que destacan:

- Se niega la participación política a los opositores, en algunos casos, se les persigue y son sometidos a torturas.
- El estado de derecho se pierde por la impunidad de los grupos centrales.
- La vida pierde valor dentro de la escala de valores, por lo que la violencia se normaliza.
- Surgen grupos de oposición violentos, como guerrillas.
- La riqueza y beneficios gubernamentales son solo para el grupo dominante.

En Europa, encontramos cómo algunos estados transitaron de monarquías totalitarias a monarquías democráticas, aparecen repúblicas con sistemas parlamentarios y presidencialistas, poderes acotados y expresiones de participación de la población, para luego, perder estos avances, construidos durante siglo, cuando en unos cuantos años se convirtieron en autocracias.

Para la mayoría de los analistas políticos y sociales resulta paradójico que varios países europeos, que ya eran considerados democracias con un reconocimiento visible de los derechos de sus ciudadanos, y una labor de décadas –o hasta de siglos– para asegurar un estado de derecho, acabaron en unos cuantos años toda la evolución liberal de su sociedad.

En América Latina, los gobiernos electos democráticamente han carecido de recetas para terminar de inmediato con problemas sociales tan complejos y añejos como la pobreza, la marginación, el desempleo, la corrupción, la inseguridad, la impunidad, la ineficiencia institucional, los servicios públicos deficientes, el burocratismo y otros problemas.

Ante esta realidad, los poderes fácticos han iniciado, en casi todos los países, una propaganda destinada a romper el tejido social, enfrentar los diversos actores entre sí, generar miedo y, sobre todo, utilizar la frágil clase media (tanto la real como las que se consideran dentro de este grupo) para generar noticias falsas, por ejemplo: el avance del comunismo depredador que les quitará sus propiedades y se apoderará de sus hijos, los obligará a hacer espacio en sus hogares para albergar dos o tres familias, desaparecerá la propiedad privada y se unificarán los salarios para hacer una sola clase menesterosa.

Por otro lado, con la complacencia e incluso con la complicidad del clero aristocrático se les dice a los católicos que se trata de un ataque a Cristo y a su iglesia, que se trata de una confabulación judeo-masónica-comunista que trata de eliminar al cristianismo de la tierra, incluso se dice que algunas de las órdenes sacerdotales ya han sido carcomidas por el demonio.

Por último, anticipan que, si no se arrojan a los izquierdistas del poder, ellos se quedarán por siempre, mensaje con lo el que inducen a pensar en un golpe de estado, una asonada militar, un fraude electoral y en la remesa de votos de los grupos más desinformados de la sociedad, ante la evidencia de que los votos de los más vulnerables serán para aquellos políticos o partidos que tengan programas sociales eficaces.

Cuentan con el odio de aquellos que son obligados a incrementar el salario mínimo, que antes no pagaban impuestos, que destinaban fondos a sus falsas obras de caridad y beneficencia cuando en realidad pagaban sus viajes, vehículos y fiestas, para ganar prestigio social y eventualmente comprar su "salvación eterna".[6] ¿Qué pensaría Martín Lutero, quien en los comienzos del estado moderno intentó desterrar estas ideas y propició la separación eclesiástica del estado?[7]

La democracia es el único sistema político que permite elecciones limpias y transparentes, combatir los actos de gobierno abusivos y una amplia participación social, en México existen diversas maneras de hacer esto legalmente, ya sea ante el Poder judicial o ante organismos defensores de derechos humanos, los cuales generalmente resuelvan los casos sin presiones del poder político, incluso por los cientos de instrumentos internacionales de derechos humanos

---

6 María Reyes Vizcaíno, «El delito canónico de simonía», Ius Canonicum-Derecho Canónico— Delitos y penas en particular, 2023, <https://iuscanonicum.org/index.php/derecho-penal/delitos-y-penas-en-particular/560-el-delito-canonico-de-simonia.html>.

7 Reconocimiento de los autores al teólogo que más enérgicamente combatió esta práctica deleznable.

a los que nuestro país se ha adherido,[8] los cuales, nos permiten asegurar que nadie este exento de la aplicación de la ley, ni privado de la posibilidad de defensa, sin embargo, se sigue una inacción debida a decenas de años de gobiernos corruptos y a la auto censura de diversos medios de comunicación.

Es imprescindible que se fortalezcan las instituciones democráticas, la auténtica división de poderes, los contrapesos al gobernante, las reglas de transparencia, los organismos que controlan y supervisan el ejercicio del poder, y los que organizan, vigilan y califican imparcial y transparentemente las elecciones; tales instituciones deben ser fuertes y plenamente autónomas, y no estar sometidas a actos intimidatorios. Sólo así están en condiciones de cumplir con su misión.

El presente ensayo es el futo de una inquietud compartida entre los autores, esto es, la tentación autocrática y sus diversas manifestaciones en muchas democracias constitucionales occidentales. Es el producto de conversaciones y reflexiones sobre el (peligroso) surgimiento de actitudes y programas políticos que encuadran tanto en la ideología como en las acciones de los regímenes fascistas de antaño. Los autores vemos con preocupación que, aunque los gobiernos fascistas pertenecen a un momento histórico determinado, la amenaza de su ideología y de los principios y acontecimientos que los vieron surgir se encuentra latente. Sabemos que el término "fascista" se utiliza de marera generalizada –quizá laxa y, por ello, errónea– para identificar políticas elitistas, de opresión y exclusión; pero más allá de

---

8 Estos instrumentos son controlados y vigilados por organismos internacionales a través de una competencia aceptada; destacan entre ellos la Comisión Interamericana de los Derechos Humanos, con competencia en Latinoamérica y la Corte Internacional de Justicia, más conocida como el Tribunal de La Haya.

las exactitudes (rigurosamente) teóricas, consideramos que lo importante es identificar y combatir el caldo de cultivo del autoritarismo. Entendemos que las circunstancias globales actuales –sociales, políticas, económicas, culturales y ambientales– son muy distintas, y que la nomenclatura del término "fascismo" corresponde a una categoría bien fija y con características históricas y elementos conceptuales específicos; sin embargo, identificamos importantes coincidencias ideológicas y fácticas de varios gobiernos actuales con aquellos regímenes totalitarios.

Por ello, la intención de este ensayo es reflexionar y crear conciencia de los horrores (y errores) del pasado para que no se repitan de nuevo. La defensa de la democracia constitucional, como heredera de las modernas democracias liberales, es tarea de todas y todos. Reflexionar sobre el origen, surgimiento, características y consecuencias del fascismo nos permite identificar las pulsaciones autocráticas en los discursos y acciones políticas, así como evitar el empoderamiento de aquellas instituciones (o factores reales de poder) que se benefician de la exclusión y opresión. De esta forma, la persona lectora no encontrará aquí una exposición dogmática ni doctrinaria de los conceptos, tampoco una categorización académica, ni una metodología científica rigurosa. Sobre esto ya existen muchas obras en numerosas bibliotecas académicas de prestigio. Lo que la persona lectora encontrará aquí es una reflexión sincera y comprometida, de lectura fácil pero bien fundamentada. Nos preocupan las manifestaciones *fascistoides* de la política en nuestro país; vemos en ellas un "museo de grandes novedades" autocráticas. Compartimos con usted nuestro compromiso con la defensa de los derechos humanos y la evolución ilustrada y humanista de la política y de las formas de gobierno.

II. SOBRE EL SURGIMIENTO DEL FASCISMO

Hemos de entender que la democracia es un sistema que rechaza las formas democráticas con el fin de facilitar el consumo reducido y la sobreexplotación, junto con el control estatal de la economía, en coordinación con los consorcios nacionales y con las multinacionales; modelo más próximo al fascismo tradicional que a la democracia.

Noam Chomsky

Entonces, ¿de qué sirve decir la verdad sobre el fascismo que se condena si no se dice nada contra el capitalismo que lo origina? Una verdad de este género no reporta ninguna utilidad práctica.

Bertolt Brecht

El surgimiento del fascismo es un resultado de la historia del continente europeo, de sus condiciones económicas, sociales, políticas, culturales y también religiosas.[9] En el segundo decenio del siglo XX ocurrió un fenómeno político que no es fácil de entender ni explicar: la aparición de un

---

9 Alejandro Díaz Domínguez, «Religión y política en México», *Este País,* 1 de abril, 2012, <https://archivo.estepais.com/site/2012/religion-y-politica-en-mexico/>. La adscripción religiosa adquirió una influencia palpable en el comportamiento político en el principio del siglo XX, especialmente en Italia, España y Alemania, —países mayoritariamente católicos— y se extendió a otros con otras denominaciones cristianas. Aunque la mayoría de las democracias logran contener sus conflictos religiosos dentro de los límites que marca la ley, no siempre se logran No sorprende que la religión sea considerada como un factor importante en la política, dicha relevancia parece resurgir en el debate público cuando los obispos opinan sobre la inseguridad, las crisis económicas o los valores morales; cuando emergen escándalos sobre abusos ocurridos en la Iglesia.

nuevo sistema político, social y jurídico, que, a todas luces, debe entenderse como un retroceso de los estados y gobiernos europeos, en donde habían surgido la democracia liberal, la división de poderes, el reconocimiento de los derechos humanos y la separación entre la iglesia y el estado, por lo que consideramos que se trata de un fenómeno social y político que parece haberse desviado de la historia y de la filosofía humanista e ilustrada.

Las características del fascismo como sistema político y sobre todo su avance paralelo en varios países como Italia, Alemania, España y Portugal, en una reflexión académica, es una perturbación del curso normal de la historia y comprensión del estado, especialmente en lo que nosotros podemos denominar el progreso social y jurídico de las instituciones, ya que éste es un *continuum.*[10]

Desde los análisis de la filosofía griega, el derecho e instituciones romanas, las diversas propuestas de filósofos, intelectuales, sociólogos y politólogos, tales como Platón, Aristóteles, John Locke, Nicolás Maquiavelo, Santo Tomás de Aquino, Montesquieu, Emilio Durkheim, Thomas Hobbes, Descartes y muchos más que aportaban siempre una visión más incluyente, respetuosa y libertaria de las formas de gobierno, incluyendo la tolerancia religiosa y también la dignidad de la persona humana.

La súbita aparición de ese nuevo fenómeno fue disruptiva, trastocaba de una forma absoluta el curso de la historia de la humanidad, dañando a los ciudadanos de varios estados que, sin temor, podemos afirmar que avanzaban hacia el

---

10 Cambridge Dictionary (Inglaterra: Cambridge University Press & Assessment, 2023), <https://dictionary.cambridge.org/es/diccionario/ingles/continuum>. Se refiere a algo que cambia gradualmente en una forma gradual de manera muy pequeña o ligera con mínimos escenarios y nunca de manera abrupta.

progreso universal, el golpe que experimentaron los observadores atentos del proceso de fascistización, fue aún más grave en la medida que se experimentaron los cambios más drásticos de este modelo político de forma casi instantánea.

Sucumbieron los partidos políticos, se sectorizó la existencia y supervivencia física de importantes grupos humanos, este problema creció de forma súbita y exponencial, nadie pudo prever que este modelo se fortalecería con el odio a las minorías, el racismo, antisemitismo, xenofobia, homofobia y otras conductas que parecían haberse abandonado paulatinamente, sobre todo después del siglo de las luces.

Al inicio del siglo XX el mundo entero se encontraba convulsionando, atrapado en una crisis global que parecía no tener fin, provocada por un sinnúmero de acontecimientos verdaderamente graves y casi simultáneos; el gigantesco imperio ruso desapareció con la primera revolución socialista de la historia, un país que abarcaba casi 12 millones de kilómetros cuadrados y que pasa de un régimen feudal a la primera república comunista, la Unión de Repúblicas Socialistas Soviéticas; los imperios centrales de Austria, Alemania y el Sublime Estado Otomano perdieron la primera guerra mundial, lo que llevó a una disminución enorme de sus estados vasallos y sus colonias, lo que causo profundos cambios en la geografía política del mundo, el Imperio Otomano que poseía 29 provincias, además de Moldavia, Transilvania, Valaquia y Crimea, tenía territorios conquistados en África, Asia y Europa, al desaparecer quedo reducido al territorio de lo que hoy es Turquía, es decir, redujo su territorio de 5,200,000 kilómetros cuadrados a 783 562 kilómetros cuadrados, por su parte, el Imperio Alemán perdió casi el 85% de su territorio, pasando de 2,668,000 kilómetros cuadrados a 357.104 kilómetros cuadrados de la actual cantidad de la República alemana, quedando en bancarrota y con una deuda impuesta por los países triunfadores por el Tratado de Versalles; mientras que China, el imperio más antiguo del mundo, existente desde el año 221 antes de Cristo, desapareció en 1912, por una invasión silenciosa y con recursos poco éticos empleados por el Imperio Británico, en lo que fue conocida como las Guerras del Opio.[11]

En ese contexto aparece el fascismo, un movimiento político y social de carácter nacionalista, totalitario y militarista, cuyo antecedente más antiguo se encuentra en 1919 en Italia, luego de la primera guerra mundial, el líder de trabajadores Benito Mussolini, quien se autodenominaba marxista, tomó el nombre de *fascios* para distinguir a un grupo de exmilitares, sumados a un movimiento que reivindicaba la voluntad guerrera del pueblo italiano, el cual cobró visibilidad por su participación en luchas callejeras contra huelguistas y comunistas, vistiendo camisas negras y usando correajes militares, ayudó al auge del fascismo, propiciado por el temor de las clases medias a que se produjera en Italia una conmoción social similar a la revolución rusa, ampliamente condenada por diversos papas italianos, ya que,

---

11 «Las Guerras del Opio». Enciclopedia de Historia, agosto, 2021. Consultado el <https://enciclopediadehistoria.com/guerras-del-opio/>. Se les conoce como guerras de Opio a las dos confrontaciones bélicas entre Inglaterra y China, que fueron el resultado de al menos tres situaciones: 1. El continuo déficit comercial que mantenía Gran Bretaña con China. Los británicos importaban grandes cantidades de té, seda, algodón y porcelanas mientras que China importaba muy pocos productos británicos. 2. China sólo aceptaba la plata como único medio de pago, lo que llevó a que en pocos años acaparase gran parte de ese metal, generando su faltante en el Imperio británico. 3 La decisión del gobierno británico de corregir el déficit comercial mediante la introducción en China del opio producido en sus posesiones de la India. La prohibición del consumo y tráfico de opio por las autoridades chinas y la expulsión de los comerciantes británicos.

fueron vistos como la mejor arma para impedir la extensión del comunismo obrero.

El 9 de noviembre de 1921 Mussolini transformó su agrupación en un partido político, al fundar el Partido Nacional Fascista (PNF), que se caracterizó por su oposición tanto al liberalismo como al socialismo, en 1922, los fascistas protagonizaron la Marcha sobre Roma, tras la cual el rey Víctor Manuel III decidió entregar el poder a Mussolini, iniciado en Italia el periodo fascista.

Estas ideas se difundieron rápidamente a otros países de Europa que vivían condiciones similares en el periodo de entreguerras, entre ellos destacaron Alemania, Rumania, Bulgaria, Portugal y España; cabe resaltar que, en el caso de España hubo grandes similitudes con Italia, un patriotismo exacerbado, la defensa de los valores cristianos, el anticomunismo, el desprecio hacia los masones, la xenofobia, la homofobia[12] y, sobre todo en este segundo caso, la defensa de la moral hispana o catolicismo.

---

12 «San Domino: la mítica isla gay en Italia que Benito Mussolini no pudo controlar y se le fue de las manos», *Clarín*, 23 de noviembre, 2022, <https://www.clarin.com/internacional/san-domino-mitica-isla-gay-italia-benito-mussolini-pudo-controlar-manos_0_S75nhsZwSW.html>. Pareciera ser un absurdo encontrar esta similitud entre diversos jefes fascistas europeos, y sobre todo las motivaciones para hacer de esta barbaridad una política pública, pero hemos encontrado las razones de varios de estos personajes. Benito Mussolini, argumentaba que los homosexuales deterioraban la imagen viril de los italianos y decidió alejarlos del país, fueron duramente perseguidos y recluidos en la isla de Domino en el mar Adriático el dictador italiano creía que la homosexualidad era un vicio importado de otros países. «La persecución de los homosexuales del tercer reich», Enciclopedia del holocausto, <https://encyclopedia.ushmm.org/content/es/article/gay-men-under-the-nazi-regime>. El Ministerio de Justicia en el código penal nazi, hizo legal la persecución de los homosexuales, ampliando la categoría de actividades indecentes criminales entre hombres al incluir cualquier acto homosexual, los tribunales decidie-

Francisco Franco y algunos otros generales que se sumaron al levantamiento en contra del gobierno legítimo de la República española, iniciaron una guerra civil, que después de tres años tuvo un costo económico terrible, se perdieron incontables vidas y condeno al exilio, persecución, asesinatos a otro gran número de personas, generando una destrucción del tejido social y la posterior dictadura fascista, que duró hasta el año de 1975, con la muerte del General Franco. La iglesia católica tuvo una activa participación en este conflicto, desde el principio acusó a los simpatizantes de la república de malos cristianos, amenazó con diversos castigos a los creyentes que apoyaran al ejército republicano, hasta con la excomunión y justificó el homicidio y persecución, lo que incluyó el asesinato de sacerdotes y religiosas.

En la Alemania nazi gobernada por Adolfo Hitler de 1933 a 1945, hubo un apoyo claro de la iglesia alemana, el fascismo denominado en este país, como nacional socialismo, fue el responsable de la muerte de más de 60 millones

---

ron que bastaba hasta la intención o el pensamiento. Himmler formó dentro de la Policía de Seguridad, la Oficina Central del Reich para Combatir el Aborto y la Homosexualidad. Josef Meisinger, dirigió esta nueva oficina. La policía imponía arresto preventivo a los considerados peligrosos a la fibra moral de Alemania y enviados a campos de concentración. 1937 a 1939, fueron los años de la mayor persecución nazi a los homosexuales, entre 1933 y 1945 la policía arrestó aproximadamente 100.000 hombres como homosexuales. «"La homosexualidad durante el franquismo", en 'Documentos RNE'», Rtve, 4 de abril, 2016, <https://www.rtve.es/radio/20161104/homosexualidad-durante-franquismo-documentosrne/1437107.shtml>.Vista como un atentado contra la recta moral y las esencias sagradas del pueblo español, la homosexualidad fue perseguida y reprimida por la dictadura franquista. El régimen creó el modelo del hombre basándose en la ortodoxia de la moral del nacionalcatolicismo patriótico, Franco contó con el importante apoyo de la Iglesia y la psiquiatría para reprimir los actos contra natura, los homosexuales fueron tratados como enfermos mentales e internados en manicomios.

de personas en poco más de una década, sus primeras víctimas fueron las minorías en este país, los débiles mentales, personas con discapacidad incluyendo a niños, adultos y ancianos, quienes fueron víctimas de lo llamaron como eufemismo *muerte graciosa* o *eutanasia*, luego encarcelaron a las personas homosexuales, intelectuales, críticos del régimen y, por supuesto, comunistas, acusados por Hitler de ser responsables, junto con los judíos, de la derrota alemana en la primera guerra mundial.

Este gobierno inició su programa de militarización en España, país al que envió su fuerza aérea para realizar diversos ataques a la población civil y posteriormente en Lídice, que se recuerda como la masacre de Lídice,[13] en lo que hoy es parte de la República checa y en otros lugares de Europa, alcanzando números de muertes nunca antes vistos, se estiman 6 millones de judíos asesinados,[14] así como 54 millones de soviéticos, polacos, serbios, croatas, franceses, alemanes, chinos, japoneses, ingleses, estadounidenses, entre otras nacionalidades. Al igual que en Italia un gran número de ciudadanos apoyaba la ideología nazi y la supremacía racial aria, lo que permitió se cometieran crímenes de guerra y lesa humanidad.

Otros países europeos en los cuales se desarrolló el fascismo fueron Hungría y Rumania; cabe destacar que Miklós Horthy fue un almirante húngaro que desempeñó el cargo de regente del reino de Hungría, se adhirió al Pacto Tripar-

---

[13] Jesús García Barcala, «La implacable venganza nazi: la Masacre de Lídice», Ciencia Histórica, 5 de julio, 2017, <https://www.cienciahistorica.com/2017/07/05/la-ivenganza-nazi-masacre-lidice/>.

[14] Jorge Trias Sagnier, «La shoah», ABC Sociedad, 30 de noviembre, 2010, <https://www.abc.es/sociedad/shoah201011300000_noticia.html?ref=https%3A%2F%2Fmx.search.yahoo.com%2F>. Shoah es una palabra hebrea que significa masacre o catástrofe; y se refiere al exterminio de seis millones de judíos por el III Reich.

tito firmado por las Potencias del Eje en 1941, mientras que Ion Antonescu fue un general rumano, ministro de guerra del rey Carol II, tomó el poder por la fuerza apoyado por la agrupación fascista denominada la Guardia de Hierro y al igual que otros fascistas, fueron aliados de Hitler y Mussolini.

El fascismo se basó en una ideología de extrema derecha y una autocracia extrema, ellos rechazaban tanto la democracia liberal de competencia de partidos, como los regímenes socialistas de partido único, basados en el marxismo leninismo y, en un inicio, contaron con el apoyo decidido de la jerarquía religiosa, que simpatizaba con quienes proclamaban el odio a los judíos y a los comunistas, a la vez que pensaron que este régimen sería un camino para recuperar sus privilegios medievales.

Uno de los métodos de convencimiento de los estados totalitarios incluyó el culto a la personalidad del líder, tomando varias formas como *Il Duce, Führer, Generalísimo, Conducator* o cualquier otro epíteto para designar a quien en realidad se convertía en el macho dominante de un grupo de depredadores, los seguidores, tanto los activos como los pasivos, avalaron la persecución de los dirigentes opositores, la discriminación de las minorías, el cierre de vías democrática, el control de los medios de comunicación, el racismo, la homofobia y todas las manifestaciones de violencia, incluyendo la tortura, la desaparición forzada y el asesinato.

Las principales características del fascismo fueron la concentración de todos los poderes del estado en un líder supremo, el cual, exigía obediencia absoluta a sus subordinados; se le consideraba un ser todo poderoso y sobre humano, por lo que nadie podía cuestionar sus decisiones; el rechazó al sistema democrático y la existencia de partidos políticos, al proclamar un solo partido oficial habilitado para actuar legalmente en la vida política y ocupar los cargos del estado, esta pretensión de que el partido único representara los intereses de toda la sociedad convirtió al fascismo en un movimiento totalitario y autocrático; la apropiación de los medios de comunicación masiva, periódicos, revistas, radio, a lo que irían sumando otras opciones; la persecución, represión, exilio o asesinato a los opositores, quienes vivieron escondidos o debieron exiliarse para no ser encarcelados o asesinados; uno de los más graves problemas fue promover políticas expansionistas, que impulsaron la conquista de territorios vecinos en busca de un espacio vital que asegurara la provisión de las materias primas necesarias para el desarrollo económico; además de privilegiar el rol de las fuerzas armadas, que debían estar preparadas para defender los ideales del estado y luchar tanto contra los enemigos internos como externos, se crearon además grupos paramilitares de carácter violento y sanguinario.

Los camisas pardas o SA son un ejemplo de ello, quienes funcionaron como una organización voluntaria, militarizada vinculada al Partido Nacionalsocialista Obrero Alemán, fueron el primer grupo militarizado nacionalsocialista que creó títulos y rangos jerárquicos propios para sus miembros, posteriormente, los rangos de las SA fueron adoptados también por otros grupos del Partido Nacionalsocialista Obrero Alemán; las SA jugaron un importante papel en el ascenso al poder de Adolf Hitler en los primeros años de la década de 1930, hasta que fueron desarticuladas en 1934 e integradas a las SS, aunque las SA siguieron existiendo después de la *noche de los cuchillos largos*, su importancia fue mucho menor.

Las SS o *Schutzstaffel* eran los escuadrones de protección del partido nazi, una organización paramilitar, bajo el liderazgo de Heinrich Himmler se ampliaron para convertirse en un estado virtual dentro del estado nazi, eran responsables de hacer cumplir las políticas raciales nazis, de identificar y perseguir a los opositores políticos. A partir de marzo de 1933, dirigieron la red de campos de concentración en los que los opositores al régimen nazi eran encarcelados, torturados y a menudo asesinados, en 1941 esta red incluyó los campos de exterminio de Polonia en donde millones de judíos fueron asesinados durante el holocausto.[15]

Los camisas azules, conocidos también como la *falange española* de José Antonio Primo de Rivera, fueron militantes de la causa ultra católica, sus miembros se auto definían como anticapitalistas y anticomunistas, adoptando las tesis del tercer posicionismo ideológico, corriente ideológica que mantiene una posición contraria tanto al comunismo como al capitalismo, siendo antimarxistas y antiliberales, presentándose además como más allá del espectro político que ubica a los partidos en izquierda o derecha.

La ideología de la falange fue el nacionalsindicalismo, un fascismo a la usanza italiana, pero con características propias tales como los marcados componentes tomados del catolicismo,[16] anti masonería, homofobia, islamofobia, de-

---

15 «¿Qué eran las SS?», UNESCO, 2022, <https://aboutholocaust.org/es/facts/que-eran-las-ss/>. «Josef Mengele», Enciclopedia del Holocausto, 10 de agosto, 2023, <https://encyclopedia.ushmm.org/content/es/article/josef-mengele>. Mengele, conocido como el "Ángel de la muerte", fue un miembro de las SS, que ingresó como voluntario en el servicio médico de las Waffen-SS (fuerzas armadas de las SS). Tuvo a su cargo el reclutamiento de médicos para realizar experimentos en campos de exterminio, en Birkenau y Auschwitz, fue el responsable directo de la selección de seres humanos para experimentación, lo que hizo sobre todo en contra de niños judíos y gitanos especialmente.

16 César Rina Simón, «Fascismo, nacionalcatolicismo y religiosidad popular. Combates por la significación de la dictadura (1936-1940)», Historia y Política, 2017, <https://www.academia.edu/78679923/Fascismo_nacionalcatolicismo_y_religiosidadpopular_Combates_por_la_significaci%C3%B3n_de_la_dictadura_1936_1940>. En esta obra, el autor señala que, la Semana Santa especialmente, aunque también romerías y procesiones patronales, se convirtieron en ce-

gradación de la figura femenina y anti semitismo, la unidad de España siempre fue unos de los puntos fundamentales de su retórica.

Este grupo buscaba la creación de un estado sindical vertical, en el cual los medios de producción pertenecían a un sindicato único autogestionado, nacionalizar la banca y la reforma agraria, propiciando los intereses de la comunidad, la cual, está formada de las unidades fundamentales naturales como la familia, el municipio y el sindicato, todo propiciado por el nacionalismo y el catolicismo.

Los *fasci italiani di combattimento* o fascios italianos de combate, fueron una organización creada por Benito Mussolini en 1919, tomando como base la violencia se convertiría en 1922 en el núcleo del futuro Partido Nacional Fascista, único partido permitido hasta 1945. Sus militantes conformaron una fuerza paramilitar llamada Milicia Voluntaria para la Seguridad Nacional, también conocidos como *canicie nere* o camisas negras, dedicados a acciones de asalto, asesinato e intimidación de sus oponentes políticos.

En Rumania, se creó la denominada *Guardia de hierro,*[17] un movimiento de corte fascista, ultranacionalista, clericalista y antisemita; fue fundado bajo el nombre de *Legión de San Miguel Arcángel,* los adeptos y miembros del movimiento eran llamados *legionarios,* fue una rama paramilitar y política de la Legión, cuyo nombre llegó a aplicarse a la Legión en-

lebraciones de afirmación fascista y nacionalcatólica. El espacio urbano, sacralizado, purificado y fascistizado, fue el escenario del combate ideológico y de la representación del consenso del Nuevo Estado franquista

17 «La Guardia de Hierro», AcademiaLab, 2023, <https://academia-lab.com/enciclopedia/guardia-de-hierro/>. La Guardia de Hierro (en rumano: Garda de Fier) fue un movimiento fascista revolucionario militante rumano, formado en 1927 por Corneliu Zelea Codreanu como la Legión del Arcángel Miguel.

tera, para luego ser conocido como *Partido Totul pentru Țară* o *todo para el país.*

Luego de la segunda guerra mundial, se reconoció el fascismo como el causante de las guerras internacionales, la vulneración de los derechos de sus propios ciudadanos, la guerra civil en España y otros fatídicos crímenes; perdió en ese continente su popularidad y se transformó en un movimiento político minoritario; paso a ser un término utilizado de manera peyorativa para calificar a gobiernos y personas con actitudes autoritarias, racistas y discriminatorias.

Pero el fascismo subsistió en la segunda República portuguesa, nombre con el cual se denominó al régimen fascista dictatorial, autoritario y corporativista que tuvo vigencia durante 48 años con algunas alteraciones en forma y contenido, comenzó en el año de 1933 con la aprobación de una constitución por referéndum nacional, y terminó en el año de 1974 con la llamada Revolución de los claveles, la cual, tras un período turbulento llevó a Portugal a la democracia;[18] a pesar de que fue la dictadura más durade-

---

[18] Joseba Vinatea, *La revolución de los Claveles y su influencia en la política internacional: La revolución de los claveles en la transición a la democracia,* (España: Universidad de Cantabria. Facultad de Filosofía y Letras, 2015), <https://repositorio.unican.es/xmlui/bitstream/handle/10902/7477/VinateaElorrietaJoseba.pdf>. Compartimos con este autor el concepto de democracia de Shumpeter y Dahl, en el cual se las democracias liberales de postguerra van a caracterizarse, en mayor o menor grado, por un intervencionismo estatal destinado a la paliación de las desigualdades sociales y a la salvaguarda de derechos sociales hasta hoy entendidos como fundamentales: derecho a subsidio por desempleo, derecho a educación y sanidad públicas de calidad, derecho a una vivienda de calidad. En definitiva, la democracia liberal de la postguerra asentará las bases del conocido Estado de bienestar y quedará inevitablemente vinculada a ello, siendo los años cincuenta y sesenta las décadas doradas de la social-democracia y el paradigma económico keynesiano. Esto es algo

ra del siglo XX en Europa occidental, logró convertirse en una república democrática, sin violencia, ni derramamiento de sangre.

Tal como otros regímenes autoritarios de la época, el estado poseía un lema para mostrar resumidamente su ideología y doctrina: *Deus, Pátria e Família,* idéntico al lema franquista *Dios, patria y familia,* el gobierno que estaba acotado por la moral católica no se definía como totalitario, pero estaba sostenido por una dictadura donde la voluntad de António de Oliveira Salazar era la fuente final de las decisiones gubernamentales.

A diferencia de los fascistas italianos, alemanes y españoles, existía una Asamblea nacional con funciones legislativas y una Cámara corporativa con funciones consultivas, pero se mantenía restringida la libertad de expresión; no obstante, estos órganos solo representaban a los sectores que apoyaban al régimen, organizados en la *União Nacional,* partido único fundado por Salazar en 1931, que Caetano convertirá en Acción Nacional Popular.

En este régimen el gobierno controlaba el poder ejecutivo y legislativo, ejerciendo las atribuciones de emitir decretos-ley que se sobreponen a las leyes aprobadas por la Asamblea nacional, a la vez que los poderes del gobierno estaban fuertemente centralizados y reforzados por el presidente del Consejo de ministros, quien por su solo arbitrio decidía el destino de la nación.

El presidente de la república tenía funciones meramente ceremoniales, y aunque formalmente podía escoger y sustituir al presidente del Consejo de ministros, esto era im-

---

que comenzará a cambiar, precisamente, a finales de los sesenta y comienzos de los setenta, contexto en el que surgirá la revolución portuguesa.

posible, pues Oliveira Salazar cuidó que dicho cargo fuera siempre ocupado por un partidario de la *União Nacional*.

El culto al líder, Oliveira Salazar fue sucedido, sin gran éxito, por Marcelo Caetano, ya que la figura de Oliveira Salazar había adquirido el tono de jefe paternal, que con maneras tranquilas, austero y eremita, podía mostrarse sin las poses fastuosas y militaristas de sus congéneres Francisco Franco, Benito Mussolini o Adolf Hitler; no promovía un culto hacia su personalidad pero permitía que sus subordinados lo mencionasen como el *ungido de Dios, salvador de la patria* o *redentor de la nación.*

Se trató de un sistema con un fuerte componente católico, se asoció a la Iglesia católica a través del Concordato de 1940[19], que concedía vastos privilegios a la iglesia católica a cambio de su férreo apoyo político, parecido al tradicionalismo de la España franquista, a cambio de un servicio de censura previa de las publicaciones periodísticas, emisiones de radio y televisión, tanto nacionales como extranjeras, prohibiendo toda crítica a la doctrina e ideología del *Estado novo* y defendiendo la moral y las buenas costumbres, para lo cual, emitía una gran cantidad de propaganda política a través del Secretariado de Propaganda Nacional o SPN.

Se apoya también en las organizaciones juveniles, como la *Mocidade Portuguesa* que rápidamente ganó popularidad, para imponer entre los jóvenes la ideología defendida por el régimen, basada en obedecer y respetar al jefe, insistiendo en la lealtad absoluta al estado.

---

19 «Litterae Apostolicae. Quanta Cura», Dicastero per la Comunicazione-Librería Editrice Vaticana, <https://www.vatican.va/content/pius-ix/la/documents/encyclica-quanta-cura-8-decembris-1864.html>. Este documento fue revisado en 1975 y finalmente sustituido por el Concordato de 2004.

Como en los demás países fascistas, Portugal crea una policía política represiva conocida como PIDE, omnipresente y detentora de gran poder, que reprime de acuerdo con criterios de selectividad, sin responsabilizarse por los crímenes en contra de las masas; al contrario de sus congéneres en Italia y Alemania, no recurre a los ataques masivos ni a los asesinatos colectivos, la PIDE siembra el terror, el miedo y el silencio en la sociedad, en tanto los opositores eran interrogados, torturados y llevados a prisiones lejos de las grandes ciudades conocidas como prisiones de Peniche y de Caxias, para finalmente terminar en campos de concentración o *Tarrafal* destinados a trabajos forzados.

Además de la PIDE, el régimen cuenta con organizaciones paramilitares (Legión Portuguesa) para proteger al régimen de las ideologías opositoras, principalmente el comunismo.

En el periodo de entre guerras los alemanes, italianos y españoles, lograron penetrar su ideología en algunos países de América, entre ellos sobresalen Argentina, Chile, Brasil, Uruguay, Bolivia, Santo Domingo y Paraguay[20], quienes tuvieron regímenes sustentados en las mismas creencias, sin

---

20 «Alfredo Stroessner, el dictador más sangriento de la historia de Paraguay», Notimérica, 16 de agosto, 2017, <https://www.notimerica.com/sociedad/noticia-alfredo-stroessner-dictador-mas-sangriento-historia-paraguay-20170816071439.html>. El dictador paraguayo, lideró su país como presidente de la República desde 1954 hasta 1989, cuando fue derrocado por un golpe de Estado, tenía una gran simpatía por Adolf Hitler y los nazis, a varios de los cuales garantizó el asilo político en el Paraguay, después de haber sido derrotados en la Segunda Guerra Mundial; entre los más destacados estaban el doctor Josef Mengele y Eduard Roschmann y le concedió la ciudadanía a Adolf Eichmann, quien fue condenado a muerte en Jerusalén, Paraguay disfrutó de estrechos lazos militares y económicos con los Estados Unidos y apoyó la invasión estadounidense de la República Dominicana.

obviar que en México se crearon en dos momentos partidos políticos con la misma denominación.

El fascismo europeo se basó en una ideología que exaltaba el corporativismo frente al individuo o intereses de clase, fomentaba el racismo, la discriminación y persecución de los grupos que amenazaran la idea de una nación unida. Manipuló los medios de comunicación para obtener el apoyo popular, generó propagandas en cine, radio, diarios y demás medios, jugaron un rol fundamental en la estrategia del fascismo para crear una ideología que mantuviera aglutinado al pueblo en torno a ciertos objetivos, como recuperar territorios perdidos en el pasado, detener la expansión del comunismo, o expandir el territorio nacional, controló la educación para que exaltara las ideas de patria, nación y fascismo.

La familia política, naturaleza y definición del fascismo son a menudo objeto de debate en las ciencias políticas, esto se debe a la ausencia de una tradición política fascista, dado que nació en el siglo XX; también a que los diferentes regímenes fascistas han sido poco ortodoxos en sus métodos y manifestaciones, unidos únicamente por un carácter violento y extremista. La variedad de estos regímenes hace difícil ubicar un rasgo mínimo común, lo que permite que se le confunda con una dictadura militar o que haya quienes afirman que perteneció a una u otra orientación socio-económica.

Tradicionalmente se ha considerado al fascismo como una manifestación de extrema derecha, antiliberal, que moviliza a la sociedad entera en contra de un enemigo externo, ya sea real o imaginario, estableciendo una suerte de *ciudadanía militar*, sin embargo, el método y el discurso específicos para ser implementarse pueden variar enormemente.

Es un movimiento ideológico o político nacionalista y militarista, de espíritu radical, violento y confrontativo, que exalta las nociones de patria y raza, en detrimento de las minorías, los extranjeros y todo aquel considerado diferente; casi siempre apela a nociones de pureza, de combate y victoria, proclamándose además como heredero de un pasado glorioso a recuperar.

Fomenta la organización de fuerzas armadas irregulares o paralelas, con las que perseguir a sus adversarios y someter a la sociedad, creando un estado de amedrentamiento, propone un sistema electoral de partido único, totalitario y autoritario, construido en torno a la supuesta infalibilidad de un líder carismático, al cual se le rinde culto.

Suele proponerse como una *tercera vía* entre la derecha e izquierda, lo cual generalmente significa aplicar de manera arbitraria prácticas asociadas a una u otra tendencia; en un sentido estricto, el fascismo es la tercera vía opuesta a la democracia liberal capitalista, como a los movimientos obreristas y comunistas; sin embargo, clasificarlo ideológicamente resulta difícil por cambiar de posición según el momento o situación que debía afrontar; tal como la estatización y regulación de la economía por un estado fuerte e implacable, la exaltación de valores tradicionales y la pureza de la identidad patria, mientras se recurría al uso de mano de obra esclava[21] o semi esclava en beneficio de empresas privadas cooperantes, o en obras del estado.

---

[21] Swaminathan Natarajan, «Liberación de Auschwitz: la dramática historia de los Sonderkommandos, los judíos forzados a trabajar en las cámaras de gas durante el Holocausto», BBC News Mundo, 26 de enero, 2020, <https://www.bbc.com/mundo/noticias-51246775>. La decisión deliberada de los alemanes de utilizarlos. También querían que los judíos compartieran la culpa. Esta es una idea muy cruel. Querían borrar la diferencia entre criminal y víctima. Milagros De Diego Cerezo, «Decenas de miles de republicanos repre-

Para algunos autores, el fascismo es la fase última del capitalismo, adquiriendo tintes despiadados, capaz de despojar totalmente de derechos a sectores marginales de la población y explotarlos económicamente hasta la muerte; otros lo consideran un movimiento de raíces socialistas, propenso a la estatización de la sociedad y cuyo antimarxismo no le impediría asumir ciertas ideas compartidas con el leninismo.

En todo caso, resulta más simple definir ideológicamente al fascismo por aquello a lo que se opone, es decir, son antiliberales, antimarxistas, anticomunistas, antidemocráticos, anti-intelectuales y anticapitalistas. Ello se complementa con grados variables de racismo, chauvinismo, nacionalismo, agrarismo y de religiosidad.

En el caso del fascismo italiano y el nazismo alemán surgieron como movimientos hermanos a raíz de la brutal crisis económica europea y la insatisfacción que desencadenó en sus poblaciones, vapuleadas por la reciente primera guerra mundial, un descontento por el orden y comprometidos nacionales asumidos, fue así que, agitadas por el liderazgo de sus futuros dictadores, Benito Mussolini y Adolfo Hitler, propiciaron el crecimiento de sistemas represivos.

En ambos casos cuando los lideres alcanzaron el poder político y reorganizaron la sociedad a su antojo, militarizaron la ciudadanía y socavaron los derechos de las minorías, especialmente de los judíos. En la retórica fascista, sobre

---

saliados fueron mano de obra forzada en la España franquista», Rtve, 14 de junio, 2022, <https://www.rtve.es/noticias/20220614/miles-republicanos-trabajaronforzadamente franquismo/2355881.shtml>. El trabajo forzado fue un instrumento legal que permitió durante el franquismo contar con prisioneros republicanos como mano de obra esclava a las empresas concesionarias de las obras públicas.

todo la alemana, estas minorías eran tenidas por *razas inferiores* destinadas al exterminio o a la esclavitud, para otorgar a los pueblos más fuertes el suficiente *espacio vital* para crecer y florecer.[22]

El discurso sofista adoptado, producto de la distorsión social del darwinismo, condujo a la población a un deseo de conquistar las naciones de Europa del este, ello a su vez, gesto la idea de construir campos de concentración y exterminio, que una vez puestas en marchas los llevo a pelar juntos durante la segunda guerra mundial contra las potencias aliadas de Francia, Inglaterra, Estados Unidos y la recién nacida Unión de Repúblicas Soviéticas Socialistas.

Según el politólogo italiano Norberto Bobbio el fascismo es un sistema político que busca homogeneizar y movilizar a las masas mediante discursos nacionalistas, explicándolo de la siguiente manera: "el fascismo es un sistema político que trata de llevar a cabo un encuadramiento unitario de una sociedad en crisis dentro de una dimensión dinámica y trágica promoviendo la movilización de masas por medio de la identificación de las reivindicaciones sociales con las reivindicaciones nacionales".[23]

El dramaturgo alemán e intelectual marxista, perseguido por el régimen nazi, Bertolt Brecht, señala que el fascismo es una fase del capitalismo, no se puede estar en contra del fascismo y apoyar el capitalismo, se debe combatir al primero tanto como al segundo; enumera en su obra las cinco dificultades para decir la verdad, "Para mí, el fascismo es una fase histérica del capitalismo, y, por consi-

---

22 Sven Felix Kellerhoff, *Mi lucha. La historia del libro que marco el siglo XX*, (México: Editorial Crítica, 2016).

23 Norberto Bobbio, N. Matteucci y G. Pasquino, Fascismo. Extraído de Diccionario de Política, (México: Ed. Siglo XXI,1993), <https://es.scribd.com/doc/165272628/ Bobbio-Norberto-fascismo-pdf>.

guiente, algo muy nuevo y muy viejo. En un país fascista el capitalismo existe solamente como fascismo. Combatirlo es combatir el capitalismo, y bajo su forma más cruda, más insolente, más opresiva, más engañosa".[24] Concluye, entonces, "¿de qué sirve decir la verdad sobre el fascismo —que se condena— si no se dice nada contra el capitalismo que lo origina? Una verdad de este género no reporta ninguna utilidad práctica. Estar contra el fascismo sin estar contra el capitalismo, rebelarse contra la barbarie que nace de la barbarie, equivale a reclamar una parte del ternero y oponerse a sacrificarlo." [25]

Para el Partido Comunista Revolucionario de los Estados Unidos (PCREU), el fascismo es la dictadura abierta de la burguesía, dirigida contra las masas populares:

> El fascismo es cuando la clase burguesa (capitalista-imperialista) ejerce una dictadura abierta, la que gobierna por medio del uso del terror y la violencia, pisotea lo que se supone son derechos civiles y legales, utiliza el poder del Estado y moviliza a grupos organizados de golpeadores fanáticos para cometer atrocidades contra las masas populares, particularmente contra los grupos de personas que identifica como *enemigos, indeseables* o *peligros para la sociedad.* Si bien es probable que se movilice rápidamente para

---

[24] Alejandra Decap, «Ideas de Izquierda. Bertolt Brecht: fascismo, terror y miserias revisitadas», *La izquierda diario. PTS en el frente de Izquierda,* 9 de noviembre, 2018, <https://www.laizquierdadiario.com/Bertolt-Brecht-fascismo-terror-y-miserias-revisitadas-118051>. Terror y miserias del Tercer Reich, estrenada en el exilio del autor, en 1938, es seguramente una de las piezas teatrales del siglo XX que ahonda con mayor complejidad el fenómeno del auge del fascismo en Alemania, metiéndose en su génesis, en sus entrañas, para retratar cómo se encontraba presente el horror en cada una de las esferas de la vida. Brecht pone en discusión los parámetros de la rectitud moral en un estado de excepción, cuando las reglas son mucho más fácilmente desmontadas en función de los dominadores.

[25] *Ídem.*

hacer cumplir ciertas medidas represivas para consolidar su gobierno, también es probable que un régimen fascista implemente su programa general por etapas y además, trabaje en varios momentos por asegurar a la población o a ciertos sectores de la población de que evitarán los horrores, siempre que acepten calladamente y no protesten ni se resistan cuando la situación siembre terror entre otros y los pone en la mira de la represión, la deportación, la *conversión*, la prisión o la ejecución.[26]

---

26 Bob Avakian, «¿Qué es el fascismo?», *Periódico Revolución*, 8 de diciembre, 2016, <https://revcom.us/a/468/que-es-el-fascismo-es.html>.

III. LOS MEDIOS DE COMUNICACIÓN Y PROPAGANDA EN LOS SISTEMAS FASCISTAS: SUS REPERCUSIONES EN EL ARTE, LA CIENCIA Y LA CULTURA

> Por regla general la propaganda opera siempre a partir de un sustrato preexistente, ya sea una mitología nacional o un complejo de odios y prejuicios tradicionales; se trata de difundir argumentos que puedan arraigar en actitudes primitivas.
>
> Joseph Goebbels

> [La República] contagiaba esperanza, ilusión (excepto a los que querían privilegios indebidos), y lo viví como natural. ¡Por eso el franquismo me resultó tan antinatural, antihumano! [En la guerra] el norte cayó en 1937, y fui movilizado como soldado franquista: ver a obispos bendiciendo cañones me convenció de que ese bando defendía privilegios y pesetas.
>
> José Luis Sampedro

Una de las instituciones sociales que apoyan enérgicamente a los gobiernos totalitarios e incluso represivos, son las empresas multimedia, seguramente lo hacen pensando que su complicidad y sujeción a los líderes y jefes de estado, será recompensada con su silencio, mentiras y falsas o manipuladas noticias que emiten al concierto nacional e internacional, pero esta lógica no tiene cabida en un tipo de gobierno en el que son periodistas, comunicadores y reporteros, quienes se ven más gravemente afectados; en la medida que su labor estará restringida a tal nivel, que por un solo descuido, omisión o error, se convertirán en víctimas de los cuerpos represores del estado, debido a que el ejército, policías y diversas secretarias del estado, se adjudican responsabilidades que incluyen el control de la información, los límites a esta y las áreas prohibidas a los medios de comunicación.

De esta forma el fascismo se apodera de los medios de comunicación y casi inmediatamente añaden, por una especie de simbiosis, su valores a la cultura, el arte, la filosofía, la sociología, la politología, la cinematografía; los cuerpos represores se apropian, modifican o destruyen todas las formas de expresión y, en casos extremos como en el régimen nazi y la dictadura franquista, hasta los eventos deportivos se vieron cooptados por el estado.

Para estos regímenes controlar y manipular la información es la única manera de evitar que la población tenga contacto con visiones democráticas o libertarias, lo que incluye la doctrina social cristiana y el humanismo político; tomemos como ejemplo la forma en que Benito Mussolini se apoderó de los periódicos, radio, principales editoras de revistas, empresas cinematográficas y con más ímpetu de los medios de difusión pertenecientes o vinculados a las universidades.[27]

El gobierno intentó la fascistización de la educación, con ese motivo y con la anuencia de la Universidad de Pavía, intentaron hacer el primer modelo fascista universitario, lo que tuvo lugar en abril de 1919, fue inaugurado, a iniciativa de los alumnos, el primer *fascio di combattimento* de Pavía, un

---

27 Elisa Signori, «El Fascismo Italiano y La Universidad: El Caso de Pavía», *Ayer*, núm. 101, (2016): 23–50, 2023, <http://www.jstor.org/stable/ 24759485>.

movimiento gemelo del fundado por Mussolini en marzo de ese año en Milán.[28]

En el año de 1915 la Asociación de Profesores de la Universidad había votado a favor de la entrada de Italia en la primera guerra mundial, la reivindicación de la italianidad en regiones controladas por Austria, favoreció las demandas democráticas y nacionalistas, contra la autocracia de los Habsburgo, los crecientes sentimientos patrióticos, con el fermento anti austriaco, promovido por excombatientes y alimentado por una mezcla de elementos libertarios, nacionalistas y patrióticos, dieron origen a ese particular fascio.

Ese primer intento tuvo una corta duración y no pudo cruzar el umbral de las cien filiaciones y se extinguió casi enseguida,[29] pero las decisiones del gobierno fascista, eran definitivas, por lo cual, empezó a intervenir y controlar todas las actividades y organizaciones italianas, en el caso de la enseñanza y la educación, le encomendaron la tarea al filósofo Giovanni Gentile, con el objetivo de que creara un modelo de enseñanza apropiado para dotar al alumnado de las tesis y los valores fascistas, lo que realizó el filósofo señalado, posteriormente se designó a Guissepe Botai, para realizar la misma tarea en el área laboral y fue el principal responsable de la redacción de la *Carta del lavoro,* doctrina corporativa, fundadora de una nueva dinámica social, responsable de las políticas fascistas, desde la conquista colonialista en Abisinia hasta la instauración de la República de Saló, se acordó la elaboración de la *Carta della scuola* y su

---

28 Octavio Spindola Zago, «Hemos hecho Italia, ahora tenemos que hacer a los italianos. El aparato educativo transnacional del régimen fascista italiano, 1922-1945», *Historia mexicana, El Colegio de México,* vol. 69, núm. 3, enero-marzo (2020), <https://kripkit.com/stefano-pittaluga/>.

29 Signori, «El Fascismo Italiano y La Universidad: El Caso de Pavía».

programa de acciones concretas, desde las escuelas rurales hasta la burocracia nacional.

Con el objeto de excluir y negar toda actividad cultural y educativa, se recurrió a prácticas tan vergonzosas y criticables como el denominado *bibliocausto*, al igual que en Alemania, España, Portugal, Chile y otros regímenes similares; sin embargo, la quema de libros por el franquismo se extendió en un periodo de casi 40 años, desde la época de la guerra civil, hasta la muerte de Franco.

El *bibliocausto* español tuvo su propio ritual, en el que los presentes leían pasajes de las llamadas buenas lecturas y maldecían a los intelectuales, así como a los escritores objeto de la persecución franquista; acusaban a ciertos libros de todos los problemas del país por sus ideas consideradas extranjerizantes, inmorales y subversivas, muchos maestros, bibliotecarios, editores y libreros fueron fusilados; entre ellos el director de la casa Nós, Ánxel Casal, el librero Rogelio Luque, en Córdoba y la bibliotecaria Juana Capdevielle de la Facultad de Filosofía y Letras de Madrid, quien fue asesinada a pesar de su embarazo de ocho meses.

En cada localidad conquistada por los generales alzados se obedecía la consigna del generalísimo, es decir, en nombre de la hispanidad; se saqueaban las librerías, editoriales y bibliotecas para posteriormente hacerlas arder en la plaza pública, son pocas las fotos y grabaciones de la quema de libros, pero se ha podido recuperar buena parte de la memoria histórica española.

Esta quema de libros fue un proceso fascista respecto del cual se han escrito diversos artículos, algunas anotaciones al respecto son:

> En agosto de 1945, se produjo un incendio en los laboratorios Cinematiraje Riera de Madrid, en el almacén que albergaba las películas y negativos del No-Do producidos

> hasta entonces. Aquello supuso una valiosa pérdida para la historia gráfica española.
>
> Como indica Martínez Rus, la quema de libros "eran prácticas inquisitoriales", más propias del Santo Oficio que de un sistema político del siglo XX. Existen numerosos testimonios de personas y de jerarcas del régimen que atestiguan estas "piras purificadoras".[30]

Los libros que especialmente estaban destinados a su destrucción eran aquellos sobre judaísmo, la masonería, el marxismo y, por obviedad los que narraban el separatismo español; el documental *Palabras para un fin del mundo* recupera el que hasta este momento es la única filmación conservada de una quema de libros por los franquistas, realizada en la calle Libreros, en Madrid en el año 1939.

La misma autora refiere:

> Antonio Luna, que además de profesor era delegado provincial de Falange, se refirió a aquello libros como "separatistas, liberales, marxistas, los de la leyenda negra, los anticatólicos, los del romanticismo enfermizo, los pesimistas, los pornográficos, los de un modernismo extravagante, los cursis, los cobardes, los seudocientíficos, los textos malos y los periódicos chabacanos". Y dio a conocer que en el índice de los condenados a arder estaban, entre otros, los de Sabino Arana, Jean-Jaques Rousseau, Karl Marx, Voltaire, Lamartine, Gorki, Freud "y el Heraldo de Madrid".
>
> [...]
>
> Fueron retirados títulos como El asno de oro, de Apuleyo, El Libro del Buen Amor, del Arcipreste de Hita, La Celestina, de Fernando de Rojas, La educación sentimental, de

---

30 Olga Rodríguez, «El 'bibliocausto' español, la quema de libros por el franquismo durante la guerra y la posguerra», *El Diario*, 19 de noviembre, 2020, <https://www.eldiario.es/sociedad/bibliocausto-espanol-quema-libros-franquismo-durante-guerra-posguerra_1_6430284.html>.

Flaubert, Werther, de Goethe, La rebelión de las masas, de Ortega y Gasset, Papa Goriot, de Balzac, entre muchos más.[31]

Como dato importante de lo insustancial y anodino de los golpistas, además de las obras ya señaladas, se prohibió el cuento de Caperucita roja, de Charles Perrault, que luego convirtieron en Caperucita azul y más tardes en Caperucita encarnada,[32] al respecto, encontramos un enorme paralelismo con la dictadura pinochetista, que quemó miles de libros del movimiento artístico denominado cubismo, atribuyendo su paternidad a Picasso, cuando en realidad fue el crítico Luis Vauxcelles quien acuño este término y correspondió al poeta francés Guillaume Apollinaire realizar las primeras aproximaciones conceptuales a la pintura cubista.

La barbarie de los golpistas chilenos desconocía el movimiento artístico más importante del siglo XX, sin embargo, se dedicó a destruir sus obras en Chile por asociárseles al régimen de Fidel Castro.

En Madrid, ciudad leal a la democracia hasta su caída en 1939, detuvieron a escritores, poetas, intelectuales y filósofos reconocidos internacionalmente, quienes fueron víctimas de tortura y asesinato, entre los que se encontraban Federico García Lorca, Diego San José, Miguel Hernández, Miguel de Unamuno, Antonio Machado, Max Aub, Luis Cernuda, Rafael Alberti, María Zambrano, María Teresa León, Juan Ramón Jiménez, María Lejarraga, Arturo Barea, Severo Ochoa, Elena Fortún, Luis Buñuel, entre otros, lo que demostró que el franquismo no solo reprimió a los políticos; extendiendo la persecución en contra de profesores, intelectuales, escritores, periodistas, científicos y sus obras, además de homosexuales, sin importar su filiación política.

---

31 *Ídem.*

32 *Ídem.*

La Ley de prensa regularizó la censura en 1938,[33] obligando a retirar libros, revistas, publicaciones, grabados e impresos, por contener "ideas disolventes, conceptos inmorales, propaganda de doctrinas marxistas y todo cuanto signifique una falta de respeto a la dignidad de nuestro glorioso Ejército, atentados a la unidad de la Patria, menosprecio de la religión católica y de cuanto se oponga al significado y fines de nuestra Cruzada Nacional";[34] al respecto señalaba:

> LEY DE PRENSA DE 1938
>
> Artículo primero. Incumbe al Estado la organización, vigilancia, control de la institución nacional de la Prensa periódica. En este sentido compete al Ministro encargado del Servicio Nacional de Prensa la facultad ordenadora de la misma.
>
> Artículo segundo. En el ejercicio de la función expresada corresponde al Estado: Primero. La regulación del número y extensión de las publicaciones periódicas. Segundo. La intervención en la designación del personal directivo, tercero. La reglamentación de la profesión de periodista. Cuarto, la vigilancia de la actividad de la Prensa. Quinto. La censura mientras no se disponga su supresión, Sexto. Cuantas facultades se deduzcan del precepto contenido en artículo primero de esta Ley.
>
> Artículo tercero. Si en el ejercicio de la facultad primera de las anotadas en el artículo anterior se produjese lesión patrimonial con provocación anterior por parte del lesionado, el Estado atenderá a su justa reparación en la forma que se determine.
>
> Artículo cuarto. Las funciones antedichas se ejercerán a través de órganos centrales y provinciales. Serán órganos

---

33 Ley de 22 de abril de 1938, de Prensa (rectificada), <https://www.boe.es/buscar/doc.php?id=BOE-A-1938-4796>. Ley de Prensa de 1938, <https://iniciativamemorialista legadorepublicano.wordpress.com/2016/10/12/ley-de-prensa-de-1938/>.

34 *Ídem.*

centrales el Ministerio correspondiente y el Servicio Nacional de Prensa. En cada provincia se crea el Servicio de Prensa, dependiente del Servicio Nacional del mismo nombre, y afecto al respectivo Gobierno civil.

Artículo quinto. Corresponde a los órganos centrales el ejercicio superior y directivo de la función. En el Servicio Nacional radicará el Registro Oficial de Periodistas.

Artículo sexto. Corresponde al Jefe del Servicio de Prensa de cada provincia: a). Ejercer la Censura, mientras ésta subsista, de acuerdo con las orientaciones que se le dicten por el Servicio Nacional de Prensa, o, en su caso, por el Gobernador Civil o la provincia, cuando éstas se refieran a materia local o provincial; en matera de censura de guerra, el ejercicio de esta censura quedará sometida a la autoridad militar. b). Llevar el duplicado del Registro Oficial de Periodistas en la forma que la presente Ley determina. c). Servir de enlace entre el Servicio Nacional de Prensa y los directores de los periódicos de la provincia, d). Servir de enlace entre el Gobierno Civil de la provincia y los directores de los periódicos de la misma, e). Informar al Servicio Nacional de Prensa de la marcha de los periódicos de la provincia, poniendo en su conocimiento los delitos o infracciones que pudiesen producirse. f). Llevar un archivo de las publicaciones diarias y periódicas.

[…]

Artículo vigésimo tercero. Quedan derogadas cuantas disposiciones anteriores se opongan a las contenidas en esta Ley.

Disposición Transitoria. Los periodistas pertenecientes a periódicos de poblaciones de la zona roja solicitarán directamente del Servicio Nacional de Prensa su inscripción en el Registro Oficial de Periodistas.

Así lo dispongo por la presente Ley. Dada en Burgos a veintidós de abril de mil novecientos treinta y ocho. —II Año Triunfal.

FRANCISCO FRANCO.

El Ministro del Interior, Ramón Serrano Suñer. [35]

---

35 *Ídem.*

Con esta ley se pretendía convertir la prensa en un servicio público controlado exclusivamente por el estado, en el preámbulo se señala, que "la prensa (sic) debe transmitir al Estado las voces de la nación y comunicar a ésta las órdenes y directrices del Estado y de su Gobierno, siendo la Prensa órgano decisivo en la formación de la cultura popular y, sobre todo, en la creación de la conciencia colectiva".[36]

En el primer artículo, se refuerza la participación del estado en el control de la prensa; el control estatal se especifica en el segundo artículo, en el que se señala que el estado regula la cantidad de periódicos y su extensión; con ello permitía la intervención y designación de directores; reglamentaba quién podía ejercer la profesión del periodista; fijaba lo que los periódicos tenían que publicar en ciertos momentos y censuraba todo contenido antes de ser publicado. Esta ley muestra el carácter autocrático de Franco, con estas disposiciones la prensa resultó un instrumento de poder más a favor de la dictadura.

El régimen nazi siguió la prédica y conducta de los *fascios* italianos:

> La tarde del 10 de mayo de 1933, una multitud de 70 mil personas se reunió en el Opernplatz de Berlín, en donde estudiantes universitarios habían acarreado hasta allí más de 20 mil libros en carretillas y camiones. Pero no se trataba de una velada de lectura, de obras de autores tan renombrados como Heinrich Mann, Erich Maria Remarque o Heinrich Heine.
>
> El propósito de esa noche quedó grabado en un discurso lleno de odio del líder estudiantil Herbert Gutjahr; "Hemos dirigido nuestro actuar contra el espíritu no alemán. Entrego todo lo que lo representa al fuego", gritó el joven estudiante de 23 años para luego arrojar una pila de libros

36 *Ídem.*

> a las llamas de una hoguera alimentada por miles de libros ardientes. [37]

Este joven de la militancia nazi fue Herbert Gutjahr quien junto a Goebbels encabezó la llamada Acción contra el espíritu antialemán.[38]

Escenas similares se repitieron en Alemania, jóvenes fascistas quemaron títulos de autores que no cuadraban con sus marcos ideológicos, ellos creían que había libros con contenidos nocivos para Alemania, o sus autores eran enemigos de los nazis. Representados por socialistas, comunistas, pacifistas y autores judíos, los estudiantes, envalentonados, ideologizados y creyentes del *Fuhrer*, fueron alentados por los ministerios de ilustración pública y propaganda, ciencia educación y cultura, del interior, incluso del ministerio de asuntos eclesiásticos, quienes los alentaron, arroparon y protegieron ante tales vilezas.

Con estas actividades de barbarie, Hitler obtenía más poderes dictatoriales e iniciaba la conquista de las mentes alemanas; el ministro de propaganda del Reich, doctor de filología germánica, "Joseph Goebbels, declamaba: "hombres y mujeres de Alemania, la era del intelectualismo judío está llegando a su fin y la consagración de la revolución alemana le ha dado paso al camino alemán.";[39] este episodio sería conocida como el holocausto de los libros.

---

37 Marc von Lüpke, MH, «Quema de libros por los nazis», DW, 10 de mayo, 2013, <https://www.dw.com/es/10-de-mayo-1933-quema-de-libros-por-los-nazis/a-16805510>.

38 Abel Prieto Jiménez, «Farenheit 451», *La Jornada*, 2018, <https://www.jornada.com.mx /2020/09/07/opinion/a06a1cul>.

39 Lüpke, MH, «Quema de libros por los nazis». «Book Burnings in Germany, 1933». American Experience, 2023, <https://www.pbs.org/wgbh/ americanexperience/features/goebbels-burnings/>.

El más prolífico escritor alemán del siglo XIX, Heinrich Heine, había escrito una profética frase, "donde se queman libros se terminan quemando también personas",[40] por cierto, fue uno de los tantos autores que los nazis querían hacer desaparecer de las bibliotecas, unos años después del holocausto de libros, en Alemania comenzaría el genocidio contra todo tipo de minorías y personas consideradas indeseables.

Joseph Goebbels en un discurso ubicó el triunfo del régimen nazi como una revolución auténtica, que debía avanzar y ninguna área debía quedar intocada, en referencia a la quema de libros, la prensa puso de buena gana sus páginas al Reich que publicó artículos, e informaron llenos de satisfacción y orgullo las escatológicas conductas de los ideólogos del fascismo alemán.

En todas las autocracias fascistas la destrucción de la ciencia, literatura y cultura en nombre de las virtudes propias de cada país y en aras de imponer un solo pensamiento, un solo líder, un solo jefe de estado y por supuesto, una sola religión, parece una constante; en la dictadura argentina el 26 de junio de 1980, el gobierno ordenó quemar 24 toneladas de cultura y conocimiento, libros extraídos de la que fue la mejor editorial de América latina *Eudeba*, aproximadamente 2 millones de libros fueron llevados a la calle Ferré en Buenos Aires, en donde hicieron la vergonzosa hoguera.[41]

El Centro de Documentación Multimedia de la Facultad de Periodismo y Comunicación Social de la Universidad de La Plata, hoy recuerda y pone en relieve los hechos que tie-

---

40 *Ídem.*

41 Mempo Giardinell, «Quema de libros en Argentina: Veinticuatro toneladas de fuego y memoria», El correo de la diaspora latinoaméricaine, 26 de junio, 2013, <http://elcorreo.eu.org/Quema-de-libros-en-Argentina-Veinticuatro-toneladas-de-fuego-y-memoria?lang=fr>.

nen que ver con la memoria social y cultural de la Argentina como un atentado contra al saber y la historia nacional.[42]

La Junta militar argentina, no solo busco reorganizar la sociedad argentina en un proceso legal, con un ejercicio constitucional que pudo realizar sin problemas, sino que, optó por acciones y expresiones concretas como la represión política, social y cultural; la desarticulación de las bases de la economía industrial y el ejercicio autoritario del poder.

La ilegalidad no se dio sólo por haber sido llevada a cabo por un gobierno de facto sino, porque se violó la legalidad establecida por la propia carta magna, el ejército actuó de manera clandestina; no sólo a opositores, se extendió a los medios de comunicación masiva, cine, teatro, libros, editoriales, bibliotecas, organizaciones obreras, entre otras; se suspendieron las actividades gremiales de trabajadores, empresarios y profesionales, el fuero, el derecho de huelga, toda actividad política; se ha comprobado la desaparición de diarios, revistas y quema de libros.[43]

La lista de libros prohibidos, destruidos o incinerados por la junta militar, es oprobiosa al pueblo argentino, porque incluye a grandes de sus intelectuales y escritores, la incluiremos para apreciación de nuestros lectores:

---

42 «Quema de Libros durante la Dictadura militar en Argentina (1976-1983) "La Memoria es imprescindible para entender nuestro pasado y comprender tantas actitudes del presente."». Biblioteca. Centro de Documentación Multimedia, 27 de junio, 2020, <https://cdmbiblioteca.blogspot.com/2020/06/quema-de-libros-durante-la-dictadura.html>.

43 Alfredo Antonio Guevara, «La censura y la destrucción de libros en el último Gobierno de facto (1976-1983)», <http://sedici.unlp.edu.ar/bitstream/handle/10915/106048/Documento_completo.pdf?sequence=1>.

El gobierno de Videla, expidió al menos 7114 decretos secretos en contra de algunos autores, editoriales, prensa y medios de difusión universitario, dos de ellos, los transcribimos, a continuación, no sin antes mencionar el trabajo fundamental para conocer esta página terrible de la historia, realizada por la periodista argentina Mariel Fitz Patrick, especializada en investigación, temas judiciales y periodismo de datos, quien labora en el sitio digital Infobae y en Radio Continental, así como de la también argentina, Sandra Crucianelli, periodista especializada en la investigación, periodismo de precisión y matemáticas aplicadas a la construcción de noticias y rastreo documental en línea.[44]

DECRETOS SECRETOS Y RESERVADOS

Decreto S 258/1977

Bs. As., 31/1/1977

VISTO las facultades conferidas al Poder Ejecutivo Nacional por el artículo 23 de la Constitución Nacional durante la vigencia del estado de sitio, y

CONSIDERANDO:

Que es deber ineludible del Poder Ejecutivo Nacional preservar en todo momento el orden y la seguridad públicos, impidiendo todas aquellas actividades que puedan alterarlas.

Que las publicaciones aparecidas bajo la denominación "Ediciones Odal", coadyuvan a mantener y agravar las causas que determinaron la implantación del estado de sitio.

Que dichas publicaciones revelan la misma orientación ideológica de otras que han sido objeto de medidas del Poder Ejecutivo Nacional en virtud de estar destinadas a pro-

---

44 Mariel Fitzpatrick y Sandra Crucianell, «Los libros que la Junta Militar prohibió mediante órdenes reservadas», *Infobae*, 24 de marzo, 2019, <https://www.infobae.com/politica/2019/03/24/los-libros-que-la-junta-militar-prohibio-mediante-ordenes-reservadas/>.

ducir reacciones de sentido opuesto en distintos sectores de la población.

Que la publicación de temas que permitan la proliferación de conflictos ideológicos-raciales no contribuyen al logro de los objetivos básicos fijados en el acta para el proceso de reorganización Nacional.

Que dicha literatura en modo alguno coincide con el sentir nacional.

Que conforme lo ha admitido reiteradamente la jurisprudencia de la Corte Suprema de Justicia de la Nación, el secuestro de una publicación se encuentra dentro de las facultades privativas del Poder Ejecutivo, acordadas por el mencionado artículo 23 de la Constitución Nacional.

Por ello:

EL PRESIDENTE DE LA NACION ARGENTINA
DECRETA:

Artículo 1° — Prohibese la distribución, venta y circulación en todo el Territorio Nacional de las publicaciones pertenecientes a la editorial clandestina “Editorial Odal” y secuéstrense sus ejemplares.

Art. 2º — La Policía Federal adoptará las medidas necesarias para dar cumplimiento a lo dispuesto en el presente Decreto.

Art. 3º — Comuníquese, publíquese, dése a la Dirección Nacional del Registro Oficial y archívese. —

VIDELA.[45]

DECRETO S 3128

Prohíbese en todo el territorio de la nación la distribución, venta y circulación del libro “los dignos”, editado en 1973 por latina sud editores e impreso por integral srl, con domi-

---

45 Decreto S 258/1977, <https://www.boletinoficial.gob.ar/detalleAviso/primera/90675/20130716>.

cilio en arregui 5049, buenos aires, y secuéstrense los ejemplares correspondientes.

EL PRESIDENTE DE LA NACIÓN ARGENTINA VIDELA[46]

La destrucción y quema de libros durante la dictadura pinochetista en Chile, es una historia que se entrecruza entre cinismo, ignorancia, vergüenza y deshonor, ya hemos señalado anteriormente la absurda razón por la que quemaron libros de cubismo en Chile, pero es necesario señalar que también ardieron los textos del Premio Nobel Pablo Neruda, quien por cierto él y Federico García Lorca se hicieron famosos por aquel discurso a la Alimón, sin haberlo ensayado, en 1935 poco antes de que el español fuera asesinado por la tropa franquista.[47]

Quemar un libro es un acto de ignorancia y desprecio al saber y a la cultura, que apuesta por la censura y recurre al olvido, pero los militares chilenos pecaron de imbecilidad, destruyeron obras y textos porque contenían la palabra rojo o que hiciera alusión a este color, sin tener relación alguna con el socialismo.

Pinochet puso en marcha una férrea política de inculturación destinada a aniquilar la memoria y toda resistencia al nuevo régimen, atacar la ciencia, la sabiduría y la instrucción; lo que equivale a una actividad de destrucción de la cultura chilena, obras como:

---

46 DECRETO S 3128, <https://leyesargentinas.com/norma/217376/decreto-s-3128-decretos-secretos-y-reservados-libro-los-dignos-prohibese#normas-modificatorias>.

47 Ana María Sanhueza, «El informe pericial concluye que Pablo Neruda murió envenenado, según la familia», *El País,* 13 de febrero, 2023, <https://elpais.com/chile/2023-02-13/la-familia-de-pablo-neruda-asegura-que-el-premio-nobel-murio-envenenado.html>.

> El Capital de Marx, El Manifiesto Comunista de Marx y Engels, o El imperialismo, fase superior del capitalismo de Lenin fueron algunos de los primeros libros en arder.
>
> [...]
>
> La quema más significativa ocurrió el 23 de septiembre de 1973, días después del golpe de estado, en las Torres San Borja, un conjunto de edificios altos al este del centro de Santiago. El evento fue cubierto por el Canal 13, considerado extraoficialmente como un medio aliado a la junta militar.
>
> La difusión de la quema funcionó como un castigo ejemplar y provocó que cientos de personas que resistían al régimen iniciaran su propia quema de libros por temor a la represión, el encarcelamiento y la tortura del régimen de Pinochet.
>
> En palabras de la doctora Isabel Jara, se trató de estrategias que tenían como intención, derrotar ideológicamente a la Unidad Popular, borrar la memoria, no solo en términos de los libros [...][48]

También la memoria de la ciudad completa, la memoria de los simpatizantes y militantes de izquierda, exigió la operación de corte y limpieza de murales y obra artística, en los cuales se inserta y hay que entender la política de censura sobre los libros; sin embargo, aún y cuando muchísimos chilenos decidieron destruir los contemplados en la lista de *condenados* por el pinochetismo "el obstáculo en el camino se convierte en el camino. Nunca olviden, dentro de cada obstáculo hay una oportunidad para mejorar nuestra condición".[49]

---

48 Alejandro I. López, «Políticas de censura: la quema de libros durante la dictadura en Chile», Rompe viento, 2 de noviembre, 2019, <https://www.rompeviento.tv/quema-de-libros-dictadura-chile/>.

49 Ryan Holiday, *El Obstáculo Es el Camino: El Arte Inmemorial de Convertir las Pruebas en Triunfo*, (México: Editorial océano, 2019).

Las amenazas y la barbarie, condujeron a una mayor perseverancia y la no claudicación del sentir chileno, por lo cual, escondieron en casas de campo, paredes falsas, áticos y enterraron en cajas metálicas, los apuntes y memorias personales con cientos de argucias, lo que para ellos era lo más preciado de todo ser humano; las bases culturales, civilizatorias.

IV. EL FASCISMO ACTUAL: EXCLUSIÓN, RACISMO Y XENOFOBIA

Podemos observar en la república de los perros que todo el estado disfruta de la paz más absoluta después de una comida abundante, y que surgen entre ellos contiendas civiles tan pronto como un hueso grande viene a caer en poder de algún perro principal, el cual lo reparte con unos pocos, estableciendo una oligarquía o la conserva para sí, estableciendo una tiranía.

Jonathan Swift

El fascismo nunca dejó de existir como ideal político, pero si se suprimió y censuro de forma popular, sin embargo, ello no impidió que durante las últimas dos décadas del siglo pasado surgieran movimientos en Europa y EUA con una ideología que tomaba nombres como neofascismo o neonazismo, los cuales, tomaban como bandera la violencia sin sentido y un racismo desmedido.

Mientras que en el ambiente político podemos ver el nacimiento de partidos de extrema derecha en Europa, sobre todo en países como Austria, Francia, Italia[50], España, Hun-

---

50 Abel Degà, «Así es el programa de Hermanos de Italia, el partido de Giorgia Meloni», *El Nacional.cat,* 26 de septiembre, 2022, <https://www.elnacional.cat/es/internacional/programa-hermanos-italia-partido-giorgia-meloni_890133_102.html>. El partido Hermanos de Italia, la derecha italiana ha ganado las elecciones del país gracias a una gran coalición que ha prometido una bajada de impuestos, una política antiinmigración dura y dar apoyo a la natalidad y la familia. Hay que señalar que el partido se formó en el 2012 a partir de

gría, llegando a tener influencia en la toma de decisiones nacionales a través de escaños conquistas democráticamente.

Lo que nos deja claro que la base ideológica del fascismo sigue viva, pero se ha moldeado de tal amena que, no acepta revivir el terror y crímenes de su pasado, adaptándose en versiones moderadas del ultranacionalista, racismo, homofobia y xenofobia.

En Italia, la ultraderecha ya no culpa a otros países de sus conflictos, sino a los partidos de izquierda, capitalizando la xenofobia y el ultranacionalismo, haciendo afirmaciones referentes a la debilidad de los demócratas, y la culpabilidad de los socialistas de los problemas económicos de este país.

En el contexto de la crisis económica de la década de 1970, políticas fascistas o *protofascistas* volvieron a hacerse presentes con los primeros gobiernos neoliberales, los cuales, mediante el autoritarismo, aplicado especialmente contra la clase obrera, buscaron reacomodar las tasas de ganancia del capital para salir de la crisis dejada por los sobrecostos del petróleo que impusieron los países productores; tal como lo hicieron Ronald Reagan en los EUA, Margaret Thatcher en Inglaterra y las dictaduras militares en América Latina, especialmente la de Augusto Pinochet en Chile.[51]

---

movimientos neofascistas y está alineada en España con Vox y con los gobiernos de Viktor Orbán en Hungría y del partido Ley y Justicia en Polonia. Se han presentado en estas elecciones de la mano de la Liga de Salvini y Fuerza Italia de Berlusconi.

51 Gustavo González Geraldino, «La homofobia de Pinochet resurge en el ejército chileno», *Rebelión*, 29 de septiembre, 2004, <https://rebelion.org/la-homofobia-de-pinochet-resurge-en-el-ejercito-chileno/>. En este texto el autor reproduce una parte de un discurso de Pinochet, en torno al ejército chileno: "Hoy tenemos un ejército alemán de marihuaneros, drogadictos, melenudos, homosexuales y sindicalistas, dando fe así a su propósito de preservar la raíz prusia-

En épocas más recientes, la crisis generalizada del capitalismo, evidente en los colapsos provocados por la imposición del modelo neoliberal, las burbujas financieras y la desaceleración económica de potencias como China, ha vuelto a posibilitar, en el escenario político de distintos países, el retorno del fascismo o, por lo menos, de regímenes con marcadas tendencias *fascistas*; como en los gobiernos de Álvaro Uribe Vélez en Colombia, Donald Trump en EUA y Jair Bolsonaro[52] en Brasil, entre otros.

Algunos señalan que este sistema resurge como una consecuencia de las pérdidas económicas de la burguesía ante las crisis del capitalismo que imponen el velo de la quiebra, generando violencia y propaganda que detona el nacionalismo; sumado al descontento social que provoca el reparto de botines políticos surgidos de las crisis.

El fascismo se ha convertido en una maquinaria de guerra que permite no solo mantener una dictadura contra las clases trabajadoras, sino también, en contra de los estados que amenacen su estabilidad, incluyendo en ellas otras burguesías.

---

na de la fuerza militar chilena y quejándose de la descomposición moral que a su juicio predominaba en el mundo.

Fernando Brtckmeyer, «Opinión: Lo que Bolsonaro cree de la homosexualidad», *Expansión*, 3 de noviembre, 2018, <https://expansion.mx/opinion/2018/11/03/opinion-lo-que-bolsonaro-cree-de-la-homosexualidad>. El periodista Fernando Berckemeyer, egresado de la Pontificia Universidad Católica de Perú con maestría en leyes de Harvard y vicepresidente regional de la Comisión de la Libertad de Prensa de la Sociedad Interamericana de Prensa, ha expresado sobre las fobias de Bolsonaro; "Si algo positivo puede verse en la llegada al poder de personajes como Jair Bolsonaro, que dan voz al machismo, el racismo, la homofobia y en general, todos los prejuicios que nos vienen de la tribu, es que con ellos los argumentos detrás de estos prejuicios se colocan sobre la mesa pública. Al hacerlo, ofrecen la posibilidad de ser puestos en evidencia como el fraude que invariablemente son.

52 *Ídem.*

Si bien estas ideas varían dependiendo del país que se aborde, todos han tenido en común una de ellas, el ultranacionalismo; desde Mussolini hasta hoy, los movimientos fascistas han insistido que su nación es superior a las otras y, por lo tanto, merecedora de mucho más, la burguesía necesita depurar el criterio de lo patriótico, para excluir los elementos incómodos y subversivos.

El fascismo suele evocar otros tópicos supremacistas, tales como el color de piel, el idioma, el credo religioso, las preferencias sexuales, el modo de vida, la nacionalidad o cualquier otro que tenga como objeto llevar a cabo los fines de control social y movilización o des movilización de algún sector de la población, que les permita alcanzar la meta del control total del estado.

El nacionalismo, en estos términos, es una doctrina muy útil para la burguesía, ya que limita la toma de conciencia de las clases trabajadoras y las recluta en favor de la defensa de sus intereses, los cuales, están en franca competencia con otras burguesías. De este modo, el fascismo apela al nacionalismo para homogenizar a la población y evitar, en contextos de agudas crisis capitalistas, soluciones revolucionarias venidas desde abajo, a la par que proporciona el predicamento moral para que esta misma población se aliste militarmente, en caso que la competencia capitalista derive en enfrentamientos bélicos.

El fascismo convierte reivindicaciones sociales en reivindicaciones nacionales, es decir, para la burguesía desesperada por las crisis, éstas no se resuelven superando el capitalismo y sus relaciones sociales y de producción adyacentes, sino salvando la economía nacional de los enemigos internos y externos, haciendo subsistir la explotación capitalista, en determinado territorio, permitiéndole acumular riquezas.

Esta es la razón por la que el fascismo y el comunismo son diametralmente opuestos, mientras el primero es nacionalista, el segundo es internacionalista, si aquél habla de conciencia nacional, éste propugna la conciencia de clase, y si los fascistas promueven la guerra, los comunistas promueven la revolución.

El comunismo busca acabar las diferencias sociales que se derivan de las relaciones de explotación de unas clases sobre otras, el fascismo, por el contrario, busca mantenerlas, justificando la dominación de clase a partir de la ponderación de otras diferencias; por ejemplo, ser anglosajón en EUA, de origen blanco y europeo en Brasil, católico e hispano en España, criollo y católico en Chile.

Ahora podemos identificar y delimitar algunos conceptos:

Nacionalismo exacerbado: la nación es un valor superior, todos los ciudadanos del Estado están subyugados a él. La voluntad nacional es arrolladora, nada ha de contradecir los objetivos de la nación.

Totalitarismo: el régimen que articula el fascismo es el totalitarismo, caracterizado por la nulidad de elementos democráticos.

Rechazo de los principios liberales: esta acción es resultado de una concepción errónea, ya que los profascistas afirman el que la población disfrute de derechos políticos y libertades civiles es algo que corrompe a la nación, por desgracia han llegado al límite de violentar los derechos de diversas minorías; como en la negación a las mujeres de los derechos sexuales y reproductivos en Italia,[53]

---

[53] Giorgia Meloni, «Daremo alle donne il diritto di non abortire», La Repubblica, 25 de septiembre, 2022, <https://www.repubblica.it/politica/2022/09/15/news/meloni_aborto_legge_194_reazioni-365762519/>. La primera ministra italiana Giorgia Meloni, desde su

España[54] y Estados Unidos[55], asimismo la falta de reconocimiento de libre autodeterminación de la comunidad LGTBTTI.[56]

Racismo y xenofobia: el fascismo defiende la existencia de una raza superior que ha de estar por encima del resto, exterminándolas o sometiéndolas, esta política considera al ser humano con un objeto más, ofende la dignidad de cada persona, los derechos elementales y contraría a las decenas de declaraciones, tratados y convenios internacionales en

---

campaña prometió mantener la Ley 194 de 1978, que regula la práctica del aborto en el país, que establece para el acceso al mismo una serie de supuestos, como la situación socioeconómica de la madre o el riesgo de vida para la madre para acceder a la práctica del mismo.

54 Graham Keeley, «La ultraderecha de Vox ataca los derechos de gays y mujeres en vísperas de las elecciones españolas», *Euronews*, 10 de julio, 2023, < https://es.euronews.com/my-europe/2023/07/10/la-ultraderecha-de-vox-ataca-los-derechos-de-gays-y-mujeres-en-visperas-de-las-elecciones->. La ultraderecha de Vox ataca los derechos de gays y mujeres en vísperas de las elecciones españolas, "Vox, un movimiento nacionalista-populista bastante parecido a Los Hermanos de Italia, Fidesz en Hungría y el partido Ley y Justicia en Polonia, estaba en el erial político hace cinco años, pero ahora es el tercer partido más grande del parlamento español y podría jugar a ser el rey tras las elecciones del mes que viene si, como sugieren una serie de encuestas, el PP gana la mayoría de los votos.

55 «Aborto en Estados Unidos, EN VIVO: Donald Trump celebró el fallo de la Corte, Hollywood entró en shock y hay protestas», *Clarín*, 25 de junio, 2022, <https://www.clarin.com/mundo/aborto-unidos-vivo-repercusiones-fallo-corte-suprema-minuto-minuto_0_LQ9E9WSEVd.html>.

56 «Qué sabemos sobre la ley anti LGBT de Hungría que se coló a la Eurocopa», *Expansión*, 23 de junio, 2021, <https://expansion.mx/mundo/2021/06/23/que-sabemos-sobre-la-ley-anti-lgbt-de-hungria-que-se-colo-a-la-eurocopa>. En Hungría, el presidente Viktor Orban, que prometió en campaña instaurar una nueva era cultural con el objeto de defender los valores cristianos y tradicionales, a lo largo de su mandato ha endurecido la legislación contra lesbianas, gays, bisexuales y transgéneros, situación que ha generado descontento al interior de su país y denuncias contra él, en al menos 15 países miembros de la Unión Europea.

materia de derechos humanos, surgidos desde al menos hace dos siglos y, por supuesto, las creencias religiosas de miles de millones de personas.

La Declaración Universal de los Derechos Humanos señala lo siguiente:

> Artículo 1.—Todos los seres humanos nacen libres e iguales en dignidad y derechos y, dotados como están de razón y conciencia, deben comportarse fraternalmente los unos con los otros
>
> Artículo 2.—Toda persona tiene todos los derechos y libertades proclamados en esta Declaración, sin distinción alguna de raza, color, sexo, idioma, religión, opinión política o de cualquier otra índole, origen nacional o social, posición económica, nacimiento o cualquier otra condición. Además, no se hará distinción alguna fundada en la condición política, jurídica o internacional del país o territorio de cuya jurisdicción dependa una persona, tanto si se trata de un país independiente, como de un territorio bajo administración fiduciaria, no autónomo o sometido a cualquier otra limitación de soberanía.[57]

Ilegalización de partidos y sindicatos: el partido del gobierno en turno es el único legal, así como el sindicato del régimen, se acaba así con la oposición y se disuade a la clase obrera de ejercer prácticas revolucionarias, a algunos les podrá parecer exagerado, pero tan solo hay que revisar el caso de Hungría, donde hay un partido de Estado, el profascista, Fidesz-Unión Cívica Húngara.

Militarismo: la necesidad de conformar un ejército fuerte y desarrollar policías especiales que aseguren el control de la población y la erradicación de la disidencia.

---

[57] Declaración Universal de los Derechos Humanos, <https://www.un.org/es/universal-declaration-human-rights/>.

Propaganda: es necesario controlar la educación y los medios de comunicación, así como la opinión, para profundizar en la ideología de los ciudadanos, este es uno de los temas que generan mayor temor a la sociedad, ya que, la propaganda y la cultura, no son compatibles, por lo cual el Estado, prohíbe expresiones artísticas y culturales, define que libros deben ser no solamente excluidos, sino destruidos, la cinematografía se convierte en un instrumento de difusión de los valores del régimen, los intelectuales, científicos, filósofos, o cualquier otro que interprete la realidad es considerado un enemigo, por lo que termina en la cárcel o en el exilio, sino es que en ocasiones muerto.

Líder mesiánico: los regímenes fascistas, y totalitarios en general, necesitan de una gran figura carismática que atraiga a las masas solo por su persona.

Ideología vacía: el fascismo y neofascismo son ideologías no definidas, siendo la segunda un movimiento completamente residual en todos los países, su doctrina política no está bien definida, se trata más de grupos aislados que, en el escaso margen de actuación que le dejan las democracias, se dedican a hacer ruido y denunciar los problemas económicos, sociales y políticos.

Populismo: la falta de cuerpo ideológico se transforma en la elaboración de propuestas vagas y con poca veracidad práctica, buscan persuadir al elector aprovechándose del desánimo generado por épocas de crisis económica o social, actualmente en España, el Partido Vox intenta aprovechar los problemas suscitados por la pandemia del virus Covid y pretende achacar el problema económico al partido que gobierna o recurre a las noticias falsas acerca de crisis producto de la recepción de migrantes;[58] una situa-

58 «El programa político de Vox: desmontar la red de Igualdad, abandonar los acuerdos climáticos, recentralizar competencias», *El país,*

ción similar ocurre en Brasil, país en el cual se hace una instrumentación política de la justicia y se ha perseguido penalmente a los gobiernos socialistas con la llamada Operación Lava Jato.[59]

Violencia: dado que el deporte, especialmente el fútbol, suele generar controversia y numerosos enfrentamientos, muchos neofascistas suelen formar grupos dentro de las aficiones de los equipos con el fin de enfrentarse a otros seguidores en peleas callejeras. También suelen propinar palizas a minorías, como pueden ser extranjeros o personas de la comunidad LGTB.

Resulta difícil definir este movimiento, pues es cambiante, movedizo y adopta caras muy distintas, orillándonos a tratar de reconocer características comunes, entre ellas se encuentran la invención de un enemigo imaginario como estrategia de cohesión, el empleo de una propaganda que no apela a la razón sino a emociones primarias como el mie do y el instinto de supervivencia, pero también una vigilancia constante por parte del estado.

---

7 de julio, 2023, <https://elpais.com/espana/elecciones-generales/2023-07-07/el-programa-de-vox-desmontar-la-red-de-igualdad-abandonar-los-acuerdos-climaticos-recentralizar-competencias.html>. Vox propone derogar todo el sistema de cuotas creado para combatir la brecha de género, la ley del solo sí es sí, la ley trans, la ley del aborto, la ley de igualdad e incluso la ley contra la violencia de género, (en España, solo desde 2003, son 1.209 las mujeres asesinadas por sus parejas o exparejas, según datos de la Delegación del Gobierno contra la Violencia de Género). Entre los objetivos está también eliminar el Ministerio de Igualdad y los juzgados de violencia sobre la mujer, y dejar de apoyar o financiar todas aquellas estructuras que trabajan para la igualdad o contra la violencia machista.

59 Mariana Schreiber, «Por qué Lula pasó 580 días en la cárcel y luego su condena fue anulada», *BBC News Mundo,* 31 de octubre, 2022, <https://www.bbc.com/mundo/noticias-america-latina-62987279>.

V. ¿CÓMO HAN INFLUENCIADO LAS TEORÍAS FASCISTAS EN MÉXICO?

El fascismo no era simplemente un desgobierno grotesco e improvisado, sino la negación de la justicia. No sólo había arrastrado a Italia a una guerra injusta y aciaga, sino que había surgido y se había consolidado como guardián de una legalidad y un orden detestable, basados en el apremio al trabajador, en la ganancia incontrolada de quien explota el trabajo ajeno, en el silencio impuesto a los que piensan y se niegan a ser esclavos, en la mentira sistemática y deliberada

Primo Levi

Una de las frases que más impactaron a las generaciones de la posguerra, fue acuñada por el célebre; filósofo, escritor, profesor universitario y rector de la Universidad de Salamanca, nos referimos a Miguel de Unamuno, la frase es sin duda, durísima para definir las ideas fascistas, sobre todo, la necedad humana, *el fascismo se cura leyendo y el racismo se cura viajando.*

España, después de la violencia que había vivido, por el golpe propinado al legitimo gobierno causado por Franco, Molá, Sanjurjo, Queipo de Llano y otros *levantados.* Además, había sido objeto de las estrategias de la aviación alemana, quien utilizó este país, tanto para evaluar su arsenal, sus aviones, pero sobre todo acciones militares en contra de la población civil, resonando las quejas y lamentos por las brutales acciones de la *Luftwaffe*[60] en el país vasco.

Fue así que el 26 de abril de 1937 el escuadrón cóndor lanzó sobre Guernica un mínimo de 31 toneladas de bom-

---

60 Puede entenderse como *arma aérea*, era la fuerza aérea integrante de la Wehrmacht o fuerzas armadas de Alemania en la época nazi.

bas, que provocaron la muerte de un alto porcentaje de la población civil; mujeres, niños y ancianos, pero no hubo bajas entre soldados o milicianos, ya que se hizo un domingo y tuvo como objetivo un mercado, que tardó 3 días en apagarse, destruyendo el 90% del lugar.

Por su parte, Benito Mussolini, en el año 1919, fundó el movimiento fascista, para él eran la representación de un pueblo heredero de las glorias del imperio romano, en ese año, propulsó un grupo político nacionalista denominado *Fasci d'Azione rivoluzionaria*, reconstituyó el fascio de Milán, con el nuevo nombre de *Fasci italiani di combattimento* o liga italiana de los combatientes, otros grupos con el mismo nombre fueron creados a lo largo de Italia, con el objetivo de oponerse con violencia a todas las personas con inclinación pacifista, que supuestamente privarían a Italia de las ventajas que le corresponderían como uno de los vencedores en la guerra; el objetivo, no era estimular el ingreso de Italia en la gran guerra Europea, sino tomar el poder.

El impacto en la sociedad mexicana fue casi inmediato, lo que podemos inferir, por las enormes simpatías que tuvo la iglesia católica romana a favor del movimiento fascista y más específicamente por las ligas que se establecieron entre Mussolini y la Santa Sede, esta última aún resentía la pérdida de poder, riqueza y privilegios desde la unificación italiana en 1870, mismos sentimientos que vivía la iglesia católica mexicana desde el movimiento de Reforma, en una fecha similar, además de la sequía que significó para el clero, el movimiento de laicidad que se tradujo en una nueva vida para los sacerdotes y religiosos, en el que perdieron su fuero e ingresos obligatorios surgidos de una obligación impuesta por la monarquía española y fortalecida por la doctrina social de la iglesia.[61]

---

[61] Juan Manuel Aguilar Flores, «El diezmo eclesiástico colonial», *La tribuna*, 28 de enero, 2017, <https://www.latribuna.hn/2017/01/28/

Desde inicios del siglo XIX algunos necios e ignorantes se atrevieron a cuestionar los incontables aportes que tanto a los estados como a la iglesia, hicieron el grupo de científicos, intelectuales, filósofos, políticos, académicos, economistas, sacerdotes y miembros de otras disciplinas en Francia, Inglaterra, Italia, España y otros países europeos, durante el denominado siglo de las luces,[62] o también conocido como el siglo de la ilustración, los obsequios que nos hicieron cientos de sabios e intelectuales a la humanidad, no solamente se gozaron en el siglo XVIII, sino que llegan hasta nuestros días en el terreno de la política, la economía, la democracia, literatura, sociología, educación y muchas áreas más.

En ese siglo influyeron diversas situaciones, entre las que sobresalen; tres revoluciones que transformaron el mundo; la revolución y separación de las 13 colonias inglesas del imperio inglés; en segundo lugar, la revolución industrial iniciada en Inglaterra y sus consecuencias en la vida econó-

---

diezmo-eclesiastico-colonial/>. En la Nueva España, estaban obligados a pagar el diezmo los agricultores, españoles, criollos y mestizos. Los indios pagaban tributos en especias y labores. Algunos fueron supeditados a entregas el diezmo cuando lo que cultivaban o criaban era de origen europeo, como ejemplo, el trigo. La Iglesia no exime de la obligación moral de contribuir a su favor pues es un deber de justicia, enseña que el cristiano debe dar a la medida de Cristo y por amor a Él, según sus propias capacidades. Código de Derecho Canónico, <https://www.vatican.va/archive/cod-iuris-canonici/esp/documents/cic_libro2_cann208-223_sp.html>. Lo que la iglesia dice es que: "los fieles tienen el deber de ayudar a la Iglesia en sus necesidades, de modo que disponga de lo necesario para el culto divino, las obras apostólicas y de caridad y el conveniente sustento de los ministros.".

62 Alejo Carpentier, *El siglo de las luces,* (España: Editorial Espasa Calpe, 2007).

mica, laboral, antropológica y social, y, en tercer lugar, la revolución francesa.[63]

De los cientos de científicos que generaron estos increíbles logros y avances, sobresalen Montesquieu, John Locke, Denis Diderot, Juan Jacobo Rousseau, Voltaire, Isaac Newton, René Descartes, David Hume, aunque no debemos obviar a ninguno de los 160 personajes que elaboraron *La Enciclopedia,* entre ellos Jean Le Rond d'Alembert, Louis de Jaucourt, Étienne Bonnot de Condillac, Charles Bossut, Giagini Buffon, Louis Jean Marie Daubenton, Paul Henri Thiry d'Holbach, Anne Robert Jacques Turgot, y el barón de Laune, entre muchos más de igual talla intelectual.[64]

Asimismo, se elaboran compendios de artículos de la *Encyclopédie,* uno de ellos estuvo a cargo del sacerdote jesuita Joseph de La Porte quien aportó seis volúmenes seleccionados por este prolífico y sabio autor, titulado *L'Esprit de l'Encyclopédie* en 1782.

Al replantearse de un modo crítico todo el conocimiento y todas las actividades sociales y económicas, la ilustración mira de una manera diferente la religión, pero especialmente el interés político y económico de la jerarquía eclesial, por otro lado, intenta quitarle cualquier resto de superstición a las creencias.

La historia de la Iglesia se examinará, gracias a las enseñanzas de la ilustración de un modo más crítico, como

---

63 Jorge Núñez, «La Revolución Francesa y la Independencia de América Latina», *Revista análisis,* núm. 103, septiembre-octubre, (1989), <https://nuso.org/articulo/la-revolucion-francesa-y-la-independencia-de-america-latina/>.

64 La Enciclopedia fue una obra impresionante para su tiempo, ésta se integró en 35 volúmenes, publicados entre 1751 a 1780, se subdividió en dos partes correspondientes a las etapas de edición dirigidos por André Le Breton y Charles Joseph Panckoucke respectivamente.

ejemplo de lo anterior, el padre Enrique Flórez de Setién Huidobro desmantela numerosas devociones, tradiciones y creencias falsas y legendarias en su natal España, lo que publica en su obra más famosa, llamada Monumental España Sagrada, que llegó a alcanzar cincuenta y seis volúmenes.

Por otra parte, el benedictino Benito Jerónimo Feijoo hace algo muy parecido en la obra Teatro crítico universal, en ella desarrolla diversos tópicos, con el objeto de mostrar errores comunes en las tradiciones españolas, se trató de un trabajo que fue publicado en nueve volúmenes.[65]

Hubo muchos curas y sacerdotes que tuvieron participación en el proceso de separar la iglesia del estado, después de todo, ellos habían apreciado los excesos, tanto del clero, como de los laicos católicos, quienes en nombre de Dios habían invadido territorios y provocado la muerte de decenas de millones de inocentes, vale la pena mencionar que algunos Pontífices Romanos habían sido guerreros, políticos y conquistadores, perdiendo sus obligaciones pastorales, la imagen de imitación y fidelidad a Cristo, de tal suerte que, contribuyeron a hacer patente la necesidad de la laicidad en las naciones del mundo europeo.[66]

---

65 Benito Jerónimo Feijoo, *Teatro crítico universal,* Edición digital, (Madrid: Imp. de Lorenzo Francisco Mojados, 1740).

66 Abel G. M., «Rodrigo Borgia, un papa sin escrúpulos Se dice que fue el papa Borgia quien escribió el destino de América», *National geographic,* <https://historia.nationalgeographic.com.es/a/rodrigo-borgia-papa-sin-escrupulos_16019>. En 1493 publicó las Bulas Alejandrinas, que daban a la Corona de Castilla, puesto que había sido Isabel quien había financiado la expedición— el dominio sobre tierras descubiertas y por descubrir en las islas y tierra firme del Mar Océano, por ser tierras de infieles en las que el Papa, como vicario de Cristo en la Tierra, tiene potestad para hacerlo. El papa Alejandro VI, sancionaba la conquista de América con la condición de evangelizarla. Además, establecía que la ruta occidental a las Indias estaba bajo jurisdicción castellana, por lo que nadie podía embar-

Se criticó la predicación pedante y la arrogancia sacerdotal, cuyo propósito no era edificar y corregir al creyente, la propuesta más contundente al respecto la realizó el jesuita español José Francisco de Isla,[67] plasmada en su novela satírica Fray Gerundio de Campazas, el obispo de Palencia se opuso a que la obra fuera impresa en su diócesis, por lo que de Isla la hizo publicar en Madrid, bajo el título de Historia del famoso predicador Gerundio de Campazas, alias Zotes; de los 1500 ejemplares que se imprimieron, se vendieron 800 en las primeras veinticuatro horas, y la edición quedó agotada en tres días.

El Consejo de la Inquisición, ordenó suspender la reimpresión de la primera parte y la impresión de la segunda, y más tarde, prohibió el libro, aunque el propósito de, de Isla era mejorar la predicación, uno de los fundamentos de la acción pastoral, la parte satírica del libro contribuyó a alimentar la mala imagen de los miembros de las órdenes religiosas entre las clases populares y fue utilizada como argumento por el anticlericalismo del siglo siguiente.

Bajo la luz de la razón los seglares realizaron también las primeras formulaciones del deísmo[68] y el ateísmo suscrito

---

carse hacia América sin autorización de la Corona so pena de excomunión: es decir, daba a Castilla no solo el derecho de conquista del nuevo mundo, sino también el monopolio de las rutas comerciales atlánticas.

67 José Francisco de Isla, «Fray Gerundio de Campazas», Biblioteca Virtual Miguel de Cervantes Saavedra, 1992, <https://www.cervantesvirtual.com/obra-visor/fray-gerundio-de-campazas–0/html/fedd38b2-82b1-11df-acc7-002185ce6064_3.html#I_%200_>.

68 El vocablo deísmo proviene del latín Deus que significa Dios, es una creencia racionalista sobre la existencia de un ser supremo, quienes la practican rechazan la religión tradicional, la palabra es un término que se emplea para llamar a las actitudes que transforman lo divino en algo remoto que es convertido en un ser supremo e inalcanzable que no se ocupa de los seres que creó en la tierra.

por los siguientes autores; Diderot, Paul Henri d'Holbach, La Mettrie, y se esboza por primera vez una cierta comparación en la historia de las religiones, que aparece en el relativismo de Voltaire.

Aparece, el *libertinismo erudito,* corriente de pensamiento que hace crea un rechazo a la dimensión metafísica y está unida a la afirmación de que la razón y la experiencia son las únicas dos fuentes de las que dispone el hombre para conocer, por tanto, no cree en milagros y la consecuencia es que se extiende el libre pensamiento.[69] Pero lo fundamental de esta corriente filosófica es el empoderamiento de un laicismo que se va instalando con fuerza cada vez mayor en los gobiernos de Europa, lo que además se puede entender como una consecuencia de los puntos y resoluciones logrados en el siglo XVII, en el Tratado de Westfalia, este importante acuerdo multinacional, no solamente dio fin a la llamada guerra de treinta años, también dio paso a la moderna concepción de los estados y rompió la idea defendida por España y Austria de la *universitas christiana,* por la cual el emperador español y el Papa podían mediar en los asuntos de toda la cristiandad por considerarla una gran República compuesta por todos los Estados europeos, sometidos en última instancia a los poderes tradicionales.

Los mismos monarcas católicos, quienes se enorgullecían del mito de ser reyes, por haber sido destinados y designados por Dios mismo, lo que los convertía en personajes protegidos por la Iglesia, a los que las críticas no les importaba y eran invulnerables ante cualquier denuesto, puesto

---

69 Carlos Daniel Lasa, «La importancia del libertinismo erudito en el atisbo de la Modernidad», *Philosophia Revista de Filosofía,* vol. 75, núm. 1, (2015): 33-46, <https://www.redalyc.org/pdf/6039/603966968003.pdf>. Entre los libres pensadores franceses sobresalen; Gassendi, La Mothe Le Vayer, Guy de la Brosse y Samuel Sorbière

que esto sería entendido como un ataque al creador[70] empiezan a ver los beneficios económicos que reportan las desamortizaciones y discuten el excesivo papel que tenían las órdenes religiosas en las universidades y su monopolio en la educación general,[71] que provocaba, entre otras cosas que los alumnos más talentosos fueran encauzados hacia la carrera eclesiástica en detrimento de las artes, las ciencias y la cultura en general.

Para la mayoría de los filósofos, la ilustración incluía un rechazo del cristianismo tradicional, aquel que permitía y favorecía el enriquecimiento de la iglesia y la participación del clero en asuntos del estado, la aparición de estas tendencias laicas tuvo su culmen en la revolución francesa.

Muchos de los razonamientos en torno a la vida religiosa en el siglo de las luces, está íntimamente ligado a los vínculos entre el poder espiritual y el poder terrenal, los que sin duda se otorgaron beneficios entre sí, pero que llegado el momento, se convirtió en una relación en donde los costos eran mayores a los beneficios, con constantes conflictos, ya que las decisiones de los monarcas y las de la iglesia,

---

70 Teófanes Egido López, «El Regalismo y las relaciones Iglesia-Estado en el siglo XVIII», en *Historia de la Iglesia en España,* coord. Antonio Mestre Sanchis, 125-254, (España: Biblioteca de Autores Cristianos 1979).

71 Alberto de la Hera, «La desamortización de bienes eclesiásticos bajo el regalismo», Universidad Complutense de Madrid, <https://dadun.unav.edu/bitstream/10171/17167/1/IC_Especial_81.pdf>. Ya hacia 1766, en España, se encuentra el primer proyecto de una ley desamortizadora, en la cual se solicitaba el establecimiento de una ley que detuviera las adquisiciones de bienes raíces por parte de los eclesiásticos y su consecuente espiritualización, asimismo el Tratado de la regalía de amortización del fiscal Campomanes, expresa con claridad las metas perseguidas y que ya se han trocado en parte los planteamientos primitivos; se trata de un manifiesto regalista, al reivindicar, la potestad regia sobre los bienes del clero y, más directamente, sobre los laicos en trance de espiritualizarse.

empezaron a confrontarse en medida que la sociedad y los intelectuales pedían libertad de pensamiento, religión y de conciencia.

Los tres grandes movimientos del siglo XVII[72] tuvieron una clara influencia en los movimientos libertarios de América latina, propiciando la independencia de las colonias en América que eran *propiedad* de las metrópolis europeas como España, Portugal, Francia, Inglaterra, Holanda y otros países, que durante tres siglos vivieron a costa de la opresión y políticas inhumanas.

Con la sola excepción de España, en todas las demás había crecido la compra de esclavos, la subordinación de los grupos originarios, que tenían trabajos riesgosos y mal pagados, se les prohibía la adquisición de tierras, el empobrecimiento de los grupos originarios era muy severo, vivían discriminados por el racismo, intolerancia, malas y tramposas administraciones de los europeos; propiciando que las ideas emancipatorias y de derechos humanos de los enciclopedistas y personajes de la ilustración, encontraran un terreno fértil para las aspiraciones de los criollos y los mestizos, aunque hoy sabemos que en algunas colonias también los esclavos tuvieron acceso a esas ideas, ellos aspiraban a una mejor vida, participar en el gobierno, acceso a la educación, libertad individual y otras promesas que sólo hallaban en los escritos de los intelectuales, filósofos, científicos, políticos y académicos europeos.

A pesar de la distancia geográfica entre América y Europa, los criollos en las colonias españolas, quienes en su mayoría eran más letrados que sus propios padres de origen peninsular, no podían acceder a puestos y cargos que sola-

---

72 Núñez, «La Revolución Francesa y la Independencia de América Latina».

mente estaban en manos de los nacidos en España, quienes en muchas ocasiones eran burócratas iletrados, designados por amiguismo, compadrazgos o recomendación y no tenían ni los conocimientos, ni la vocación de servicio.

Además, no se puede obviar que había profundos cambios en la economía de las colonias, que se manifestaban también en la estructura social principalmente en las colonias españolas, en las cuales surgió una poderosa clase de colonos criollos.[73] El caso de EUA era aún mayor, ya que los habitantes de las trece colonias generaban más riqueza que cualquier otra colonia británica en el mundo.

Fueron éstas razones, por las cuales las influencias de los pensadores europeos, calaron sobre todo en la población criolla, que tenían sus legítimas aspiraciones y que hasta sus padres los consideraban ciudadanos de segunda clase, la revolución francesa en sí misma, fue un conflicto social y político que convulsionó a las demás naciones de Europa y a las monarquías, que en su mayoría supieron ajustarse a las nuevas reglas democráticas, marcando el final definitivo del absolutismo monárquico, las idea fundamental de este movimiento fue la descalificación de la monarquía como forma de gobierno y la exaltación de la forma republicana.

Otra influencia de las revoluciones; francesa y norteamericana fue la elaboración de una constitución escrita como elemento fundante de una nación, así como la idea de nación como comunidad organizada con una misión y destino común, la idea de libertad asociada al autogobierno y la no dependencia de autoridades lejanas y no elegidas por los ciudadanos también puede verse como influencia de los citados movimientos del siglo XVIII.

---

73 *Ídem.*

Las ideas de igualdad, libertad y fraternidad que constituyeron el lema de la revolución francesa, se ven reflejadas en las constituciones y asambleas del año 1810 y posteriores, que declaran abolidos los títulos de nobleza en América latina, junto con la proclamación de la Declaración de los derechos del hombre y del ciudadano[74] y de la Carta de derechos de Virginia,[75] la cual fue insuficiente en su momento; son un hito en la historia de los derechos humanos, que hasta ese momento no habían sido contemplados, ni protegidos por las monarquías totalitarias europeas, las cuales supuestamente procedían del humanismo cristiano.

La Corona española trató con diversos medios evitar la propagación de las ideas de la ilustración, una de ellas, implementada en 1776, fue la expulsión de los jesuitas de todos los territorios españoles, si bien la medida parecía deberse al conflicto entre la sociedad de Jesús y el rey de España, teniendo como fin acabar con la autonomía con que actuaban los jesuitas, en la práctica y especialmente en América tuvo dos objetivos precisos, liquidar el poder terrateniente y financiero de los criollos, así como privar al criollismo de su *intelligentzia*, ya que, tenía entre los jesuitas su más clara representación, quienes ya hablaban de las ideas de la ilustración y la difundían en sus universidades.

Como ejemplo de lo relatado, está el caso del sacerdote mercedario, Miguel Hidalgo y Costilla, quien públicamente había manifestado sus simpatías por las ideas de los enciclopedistas franceses y la tesis de libertad, igualdad y fra-

---

74 Declaración de los Derechos del Hombre y del Ciudadano, < https://www.cndh.org.mx/index.php/noticia/se-aprueba-la-declaracion-de-los-derechos-del-hombre-y-del-ciudadano#:~:text=El%2026%20de%20agosto%20de,las%20Naciones%20Unidas%20en%201948.>

75 Declaración de Derechos de Virginia, <http://www.amnistiacatalunya.org/ edu/docs/e-hist-Virginia.html>

ternidad que según los conservadores de esa época eran difundidas por las logias masónicas, el cura Hidalgo era un sacerdote de excepcional cultura e intelecto, lo que le había permitido ser rector del Colegio de San Nicolás en Valladolid, sus ideas progresistas lo pusieron entre los ojos de la Santa Inquisición; se sumó al respeto de objeción a los judíos que no querían convertirse al catolicismo, requisito para quienes deseaban viajar a las colonias americanas, ellos tenían la obligación de abjurar de su fe, comer cerdo y hacerse bautizar; Hidalgo, por sus ideas avanzadas, fue perseguido por la inquisición muchos años antes de que encabezara el movimiento de independencia.

Es preciso acotar que en la conquista y colonización de México, la iglesia católica constituyó en si misma el elemento fundamental para lograr un gran número de cambios culturales, sociales, políticos y religiosos, los cuales de otra manera hubieran resultado muy virulentos, la colaboración de las primeras órdenes mendicantes que llegaron al territorio de la Nueva España y su fino trato con los indios, a diferencia de la rudeza y la barbarie con que actuaban, los soldados, conquistadores e incluso los empleados de la corona, resultaron en que frailes y curas fueran aceptados con mayor rapidez, ellos pudieron minimizar los daños, fenómeno al que algunos autores han decidido llamar la conquista espiritual de México.[76]

Este parteaguas requirió que se instituyese una iglesia católica como entidad educativa, a partir de ese momento y durante más de tres siglos, esta institución ejerció el monopolio de la educación sin distinción efectiva entre la

---

[76] Robert Ricard, *La conquista espiritual de México: Ensayo sobre el apostolado y los métodos misioneros de las órdenes mendicantes en la Nueva España de 1523 a 1572,* trad. Ángel María Garibay K., México: Fondo de Cultura Económica, 1986.

educación y la evangelización, entre la cultura y la religión, siendo más incisivos en este último aspecto, lo que ocasiono que la distinción entre la iglesia y el estado se volviera difusa hasta el punto de desaparecer.[77]

El 24 de septiembre de 1810, Manuel Abad y Queipo, obispo de Michoacán, publicó un edicto de excomunión contra Hidalgo, y amenazaba a sus seguidores con aplicarles la misma pena, exigiéndoles que se restituyan a sus hogares y lo desamparasen en un término de tres días inmediatos al que tuviese noticia de este edicto; además de condenar la rebelión contra España, Abad y Queipo censuraba el uso que hacía Hidalgo de la virgen de Guadalupe como estandarte de la lucha popular, considerándolo un sacrilegio gravísimo.[78]

Tras las luchas sociales se logró que en las constituciones de las naciones independientes se contará por vez primera con la posibilidad de elegir mediante el voto a los representantes del poder legislativo; se incluyó la aplicación de la justicia común para todos los ciudadanos por parte de un poder judicial, ejercido por los tribunales imparciales, lo que contrastaba con los tribunales sujetos a los virreyes o ad-

---

77 Estrella Ruiz-Gálvez Priego, «La Conquista espiritual de México: Robert Ricard (1900-1983) y los comienzos del hispanismo americanista francés en su relación con la crisis del modernismo teológico», *Investigaciones Históricas, época moderna y contemporánea,* núm. 39, (2019): 357-412.

78 Nieves Concostrina, Menudas historias de la Historia, (Barcelona, España: La Esfera de los libros, 2009). El cura Hidalgo finalmente fue capturado, y como era eso, cura, la parafernalia de su ejecución aquel 1 de agosto de 1811, fue un poco más teatrera de lo habitual. Hubo que rasparle las manos y las yemas de los dedos con un cuchillo para quitarle la potestad de consagrar y bendecir; se le despojó del hábito y se le arreó un trasquilón en el pelo para descuajaringarle la tonsura. Y, ahora sí, como ya no era cura se le podía fusilar. La muerte de Hidalgo fue responsabilidad española.

ministradores de los reinos europeos, lo que posibilitó empezar a eliminar la arbitrariedad con la que se tomaban las decisiones jurisdiccionales, tanto en litigios privados como públicos; la eliminación de los privilegios de los nobles, que significaron otro aspecto sustantivo del avance en favor de una ciudadanía más igualitaria.

La mayor influencia que tuvo la revolución francesa fue instalar en la vida de los criollos la idea de poder alcanzar un autogobierno, que les permitiría vivir con mayores derechos, tanto a nivel civil como político, pudiendo ser ellos los factores dominantes en la administración de Latinoamérica, acortando las facultades de un monarca absolutista que tomaba todas las decisiones y que ya poco tenía que ver con ellos en cuanto a pensamientos ideológicos y de cultura; ya que la administración colonial estaba en manos de un grupo de burócratas venidos de la península, que tenían como único objetivo mantener la sujeción de estos territorios a la metrópoli y obtener los mayores ingresos posibles para la corona.

De tal forma que en las colonias españolas se constituyó un nuevo poder, que equilibraba el dominio realizado por la clase dominante y la criolla que controlaba los medios de producción fundamentales, incluyendo ahora los demás circuitos económicos que actuaban como clase sin serlo, pero que detentaban el poder político en representación de la clase dominante metropolitana.[79]

Al respecto Enrique Semo ha señalado que los primeros nacidos en la Nueva España que desarrollaron una ideología de clase, fueron los terratenientes, los propietarios de minas y los comerciantes, grupos que conformaban la aristocracia criolla, ellos desde el siglo XVII comenzaron a definir las po-

---

79 Núñez, «La Revolución Francesa y la Independencia de América Latina».

líticas comerciales y desligarse de la corona española, buscando una autonomía en diversas actividades como la religión, el arte y la cultura, creando un nuevo modelo de identificación basado en la realidad novohispana, apartada de lo español y lo indígena, convirtiéndose en su aspiración al poder.[80]

Fue necesario que se produjera el proceso independentista en América para que los actores políticos, sociales y económicos, entendieran aquello de lo que eran capaces de hacer para dirigir un país independiente.

Es importante recordar que la crisis entre criollos y peninsulares se fue acrecentando y que uno de los elementos que detonó los movimientos en toda América fue la crisis de la monarquía española, el motín de Aranjuez, por el cual se obligó a Carlos IV a abdicar el trono, sumado a la descomposición política de la monarquía borbónica, primero con la sucesión de trono al hijo de Carlos IV, el príncipe de Asturias Fernando VII; quien poco tiempo después sería remplazado por el hermano de Napoleón Bonaparte, José Bonaparte.

Este último golpe resultó fatal para España, que ya tenía problemas financieros por la derrota en contra de Inglaterra y el incrementó de los impuestos a las colonias americanas, las cuales, arrastradas a esta crisis se vieron obligadas a endurecer su política fiscal contra las poblaciones de la América española.[81]

En la mayoría de los países hispano hablantes subsistía el concordato, sin embargo, el Rey Carlos III había comenzado un proceso en contra de los sacerdotes pertenecientes

---

80 Enrique Semo, «Los cien días: la aristocracia criolla y la independencia», <https://www.iai.spk-berlin.de/fileadmin/dokumentenbibliothek/Indiana/Indiana_ 10/IND_10_Semo.pdf>.

81 Daniel Sánchez Silva, «Crisis de la monarquía Española (1808-1814). Influencia de Manuel Godoy», *Revista Tiempo y Espacio,* vol.24, núm. 61, junio, (2014): 413-22.

a la sociedad de Jesús,[82] por el cual, los jesuitas habían sido expulsados de los territorios españoles,[83] e incluso por miedo al monarca, se les negó el asilo en los Estado Pontificios, para que finalmente se les excluyera de la iglesia, aboliendo dicha orden por el papa Clemente.[84]

Este pontífice, quizá, en el ánimo de no quedar en la historia, como un pontífice omiso a su responsabilidad pastoral, por su cobardía y plegado ante el poder monárquico y sobre todo cuestionado en su moral religiosa, en el mismo decreto en que expulsaba a los jesuitas y abolía la obra de San Ignacio de Loyola, dio supuestos paliativos para algunos de los expulsados en dicho documento, en el que señaló:

> 27. Y a todos los individuos de la Compañía, que se hallen promovidos á los Sagrados órdenes, concedemos licencia y facultad, para que salgan de dichas Casas, ó Colegios de la Compañía, ya sea para pasar á alguna de las órdenes Regulares aprobadas por la Silla Apostólica, donde deberán cumplir el tiempo del noviciado prescrito por el Concilio Tridentino, si han hecho la profesión con los votos simples en la Compañía, y si la hubiesen hecho con los votos solemnes, estarán en el noviciado solo el tiempo de seis meses íntegros, en lo cual usando de benignidad dispensamos con

---

82 «La expulsión de los Jesuitas de España». Biblioteca Virtual Miguel de Cervantes, 2023, <http://www.cervantesvirtual.com/portales/expulsion_jesuitas/expulsion_espana/>. La expulsión de los jesuitas de España (1767). La noche del 31 de marzo en Madrid, y al amanecer del 2 de abril en el resto de España, todas las casas jesuitas fueron clausuradas y sus miembros incomunicados. Según relatan las crónicas de la época, la operación fue perfecta. Ello explica la sorpresa y el miedo que sintieron los jesuitas (como manifestaba en sus escritos el padre Isla), en especial los jóvenes novicios.

83 Papa Clemente XIV, «Dominus Ac Redemptor. Breve de supresión de la Compañía de Jesús», *Revista trimestral del Departamento Filosofía y Humanidades ITESO,* vol. 23, núm. 92 (2014), <https://dialnet.unirioja.es/servlet/articulo?codigo=5094603>.

84 *Ídem.*

ellos; ó ya para permanecer en el siglo, como Presbíteros, ó Clérigos Seculares, bajo de la entera y total obediencia, y jurisdicción de los Ordinarios en cuya Diócesis fijasen su domicilio, determinando además de esto que á los que de este modo, se quedaren en el siglo, mientras que por otra parte no tengan con que mantenerse, se les asigne alguna pensión competente de las rentas de la Casa, ó Colegio en donde residían; teniendo) consideración así á las rentas, como á las cargas de dicha Casa ó Colegio.

28. Pero los Profesos ya ordenados In sacris que, ó por temor de que les falte la decente manutención por defecto, ó escasez de la congrua, ó porque no tienen donde acogerse para vivir, ó por su avanzada edad, falta de salud, u otra justa y grave causa no tuviesen por conveniente dejar las Casas, ó Colegios de la Compañía, podrán permanecer allí: bien entendido que no han de tener ningún manejo, ni gobierno en las sobredichas Casas, ó Colegios; que han de usar solo del hábito de Clérigos seculares, y vivir en todo y por todo sujetos al Ordinario local. Y prohibimos enteramente que puedan entrar otros en lugar de los que vayan faltando, y que adquieran ninguna casa, ó posesión de nuevo, conforme está mandado por el Concilio Lugdunense; y también les prohibimos que puedan enajenar las Casas, posesiones, ó efectos que al presente tienen: debiendo vivir juntos en una, ó más casas los individuos que se quedaren, para habitar en ellas á proporción del número: de modo que las Casas que quedaren desocupadas puedan convertirse, en su tiempo, y lugar, en usos piadosos, según y cómo corresponda, y se juzgare más propio, y conforme á lo dispuesto por los sagrados Cánones, á la voluntad de los Fundadores, al aumento del culto Divino, á la salvación de las almas, y á la pública utilidad: y mientras tanto se nombrará un Clérigo secular dotado de prudencia, y virtud, para que gobierne las dichas Casas; sin que les quede en ningún modo el nombre de la Compañía, ni puedan denominarse así en adelante.[85]

---

85 *Ídem.*

En un periodo muy corto en tiempo se independizaron México en 1810, Argentina en 1816, Bolivia en 1825, Brasil de Portugal en 1822, Chile en 1818, Colombia en 1810, Costa Rica en 1821, Ecuador en 1822, el Salvador en 1821, Guatemala en 1821, Nicaragua, Perú y Panamá en 1821 y Venezuela en 1811. Cuba lo hizo hasta finales del siglo XIX al igual que muchas de las colonias inglesas, lo que se explica por otros motivos.

Sin embargo, la independencia de España y Portugal no trajo beneficios para los habitantes originarios de América, ya que se estableció una burguesía criolla, que aspiraba más a sentirse europea que consolidar su identidad novohispana, lo que en cierta medida sigue existiendo; por ejemplo, en México, la segregación y discriminación ejercida en contra de los pueblos originarios, mestizos y afrodescendientes es patente.

Las constituciones de todos los países emancipados de España, sin excepción, dotaron al pueblo de derechos humanos, ellos fueron copiados casi textualmente de la Declaración de los derechos de Virginia y la Carta de los derechos del hombre y el ciudadano; incluso podemos observar los mismos defectos en todas, pero a diferencia de los sustanciales avances de Europa y Estados Unidos de América, en los países conquistados por España, la iglesia católica conservó sus privilegios económicos, sociales, políticos, así como el fuero, pero especialmente grave, fue el hecho de conservar la religión católica romana como única y oficial del estado[86] por lo que podemos afirmar que solamente en discur-

---

[86] Declaración de Derechos de Virginia. El artículo 16 señalaba: Que la religión, o las obligaciones que tenemos con nuestro Creador, y la manera de cumplirlas, sólo pueden estar dirigidas por la razón y la convicción, no por la fuerza o la violencia; y, por tanto, todos los hombres tienen idéntico derecho al libre ejercicio de la religión,

so hubo una laicidad en Latinoamérica, al menos hasta el siglo XX. Esta involución fue el producto de la propuesta de algunos despistados o manipuladores, quienes señalaron como algo positivo, que la religión católica conservara su fuerza por constituir un factor de unidad entre todos los ciudadanos de los nuevos estados.

En México, se elaboró la Constitución de Apatzingán como el primer documento independentista de América latina, la cual declaraba en el artículo 15 que "La calidad de ciudadano se pierde por crimen de herejía, apostasía y lesa nación";[87] se conservan las juntas electorales de parroquia en el capítulo V, denominado *De las juntas electorales de parroquia*, que señalaba en el artículo 64, que dichas juntas electorales de parroquia se compondrán de los ciudadanos con derecho a sufragio, que estén domiciliados, y residan en territorio de la respectiva feligresía.

Lo que demuestra que, desde las primicias del estado mexicano se generó una confusión entre el pueblo soberano y el *Populus christianus*,[88] lo cual provocó muchas batallas

según los dictados de la conciencia; y que es deber mutuo de todos el practicar la indulgencia, el amor y la caridad cristianas. Declaración de los Derechos del Hombre y del Ciudadano. Artículo 10. Nadie debe ser incomodado por sus opiniones, inclusive religiosas, siempre y cuando su manifestación no perturbe el orden público establecido por la Ley. Artículo 11. La libre comunicación de pensamientos y opiniones es uno de los derechos más valiosos del Hombre; por consiguiente, cualquier Ciudadano puede hablar, escribir e imprimir libremente, siempre y cuando responda del abuso de esta libertad en los casos determinados por la Ley. En: https://www.conseil-constitutionnel.fr/es/declaracion-de-los-derechos-del-hombre-y-del-ciudadano-de-1789

87 Constitución de Apatzingán, <https://www.ensayistas.org/identidad/contenido/ politica/const/mx/apatzingan.htm#2>.

88 Florencio Hubeñak, «Christianitas: ¿un vocablo o un período histórico?», Universidad Pontificia de Salamanca, <https://repositorio.

en busca de preservar las canonjías para ciertas corrientes conservadoras a lo largo del siglo XIX; la constitución mexicana de 1814 es imitada por el presidente ecuatoriano Gabriel García Moreno quien, en 1867, intentó basar la ciudadanía en el catolicismo.[89]

A diferencia de los cambios generados en los estados europeos que, como natural efecto de las nuevas condiciones y reglas de las relaciones entre poder espiritual y poder público, se logró aceptar sin conflictos, confrontación, o revanchas, la naturaleza laica de los estados en el continente, todos entendieron que esta nueva relación beneficiaba a la sociedad en su conjunto, ya que, la laicidad aportaba un concepto fundamental, un principio práctico anti represivo, lo que se traduce en tolerancia.

Un estado laico es aquel que considera que no existe ningún deber y menos aún una obligación jurídica, de asu-

---

uca.edu.ar/bitstream/123456789/3149/1/christianitas.pdf>. Este autor señala que, a partir del edicto de Tesalónica, el concepto religioso *populus christianus* comenzó a aplicarse al terreno político, dando lugar, lentamente, a otros términos derivados como *Respublica christianorum,* la república de los cristianos, la que se fue identificando poco a poco con el *Imperium christianum.* En el mismo texto se afirma que fue san Agustín de Hipona quien introdujo el uso del término *Christianitas* como "a idea de una comunidad política de todos los cristianos.

89 Constitución Política de Perú 1867, <https://www.deperu.com/abc/constituciones/239/constitucion-politica-del-peru-1867>. En el nombre de Dios, Uno y Trino, autor, legislador y conservador del Universo, la Convención Nacional del Ecuador ha decretado y sometido a la aprobación del pueblo la siguiente Constitución. [...] Artículo 7.— Los deberes de los ecuatorianos son: 1. Respetar la religión del Estado y a las autoridades; [...] Artículo 9.— La Religión de la República, es la católica, apostólica, romana con exclusión de cualquiera otra, y, se conservará siempre con los derechos y prerrogativas de que debe gozar según la ley de Dios y las disposiciones canónicas. Los poderes políticos están obligados a protegerla y hacerla respetar.

mir determinadas creencias religiosas en torno a una sola propuesta; con esta perspectiva, se le presentaron varios problemas, tales como hacer posible la convivencia e interacción pacífica entre las distintas religiones y los criterios para juzgar la credibilidad de cada una de ellas; para ello, se definieron dos el anti dogmatismo y la tolerancia.

De tal forma que se reconocieron recíprocamente el derecho al disenso y al pluralismo, tanto como un valor, como una mejora democrática, lo que genera una garantía para la pluralidad de orientaciones políticas, su convivencia y competencia pacífica, esta es la mayor aportación del siglo de las luces a la forma de gobierno democrática.

En ninguna de las Constituciones elaboradas por las excolonias españolas, se generó una reflexión sobre la laicidad y tampoco se sentaron las bases de una separación entre el poder religioso y político; tomemos como ejemplo el preámbulo de la constitución peruana de 1823 "la nue va instancia de legitimidad, el Pueblo, no se concebía desvinculado del orden divino que la había concebido. En el nombre de Dios, por cuyo poder se instituyen todas las sociedades y cuya sabiduría inspira justicia a los legisladores".[90]

---

[90] Constitución Política de la Republica Peruana 1823, <https://www4.congreso.gob.pe/dgp/constitucion/constituciones/ Constitucion-1823.pdf>. Don José Bernardo Tagle, Gran Mariscal de los Ejércitos, y Presidente de la República peruana nombrado por el Congreso Constituyente. Por cuanto, él mismo ha venido en decretar y sancionar la siguiente: Constitución [...] En el nombre de Dios, por cuyo poder se instituyen todas las sociedades y cuya sabiduría inspira justicia a los legisladores. [...] Artículo 8.°. La religión de la República es la católica, apostólica, romana, con exclusión del ejercicio de cualquier otra. Artículo 9.°. Es un deber de la nación protegerla constantemente por todos los medios conformes al espíritu del Evangelio, y de cualquiera habitante del Estado respetarla inviolablemente.

Lo que nos hace pensar que el poder de convencimiento que llegó a ejercer la iglesia sobre la conciencia de la ciudadanía en general, le permitió seguir sosteniendo sus fueros, aunque eventualmente estos fueran ilegales, inmorales e ilícitos.

Los primeros constitucionalistas no parecen haber sido afectados por lo inconsecuente y absurdo que representaba el hecho de establecer la intolerancia religiosa como base del nuevo pacto social, casi al mismo tiempo en que afirmaban la libertad de opinión y de prensa.

Las cortes de Cádiz tampoco habían dado prueba de mayor coherencia en ese campo, en la Constitución chilena de 1823 se establecen las siguientes consideraciones:

> Artículo 10.—La religión del Estado es la Católica, Apostólica, Romana: con exclusión del culto y ejercicio de cualquiera otra.
>
> Artículo 11.—Es ciudadano chileno con ejercicio de sufragio en las asambleas electorales, todo chileno natural o legal que habiendo cumplido veintiún años, o contraído matrimonio tenga alguno de estos requisitos: 1 al 5 …, 6. 6.o Todos deben ser católicos romanos, si no son agraciados por el Poder Legislativo; estar instruidos en la Constitución del Estado; hallarse inscritos en el gran libro nacional, y en posesión de su boletín de ciudadanía, al menos desde un mes antes de las elecciones: saber leer y escribir. Y en tanto se otorga la libertad de imprenta en esta Constitución, se le impide la libertad de pensamiento, en el Artículo 262, se señala: La imprenta será libre, protegida y premiada en cuanto contribuya a formar la moral y buenas costumbres; al examen, y descubrimientos útiles de cuantos objetos pueden estar al alcance humano; a manifestar de un modo fundado las virtudes cívicas y defectos de los funcionarios en ejercicio; y a los placeres honestos y decorosos.
>
> Artículo 263.—[se le prohíbe]:
>
> […]

> Entrometerse en los misterios, dogmas y disciplina religiosa, y la moral que generalmente aprueba la Iglesia Católica.[91]

El 22 de abril de 1819 el Congreso de las Provincias Unidas, que en 1816 proclamó la independencia en Buenos Aires, emitía la primera Constitución argentina,[92] en ésta encontramos situaciones francamente aberrantes, tal como desconocer la existencia de las provincias ni establecer un sistema para su gobierno, aunque podía inferirse que los nombraba el Director de Estado, quien estaba facultado para nombrar todos los empleos, no contenía ninguna declaración franca y expresa sobre la forma de gobierno que debería tener el estado; dejando abierto el camino para una monarquía temperada, según la frase de moda entre los congresales; otra particularidad de esta carta, era su tono aristocrático, en el cual, los miembros de los tres poderes reunidos tendrían el tratamiento de soberanía y soberano señor; el congreso, el de alteza serenísima; y serenísimo señor, cada cámara alteza a secas; esto revela las aspiraciones monárquicas de los primeros miembros del gobierno y sus afinidades por sus orígenes europeos.

La sección primera, denominada *Religión del Estado* señalaba que la religión católica, apostólica, romana, era la religión del estado, por lo cual, el gobierno debía darle protección y los habitantes del territorio todo el respeto, sin importar sus opiniones privadas, considerándose una violación constitucional contravenir lo anterior.

---

91 Constitución Política Y Permanente Del Estado, <https://www.elhistoriador.com.ar/la-constitucion-de-1819/>. En el nombre de Dios Omnipotente, Creador, Conservador, Remunerador, y Supremo Legislador del Universo. El congreso nacional constituyente de chile decreta y sanciona esta Constitución.

92 «Constituciones Argentinas: Compilación histórica y análisis doctrinario», Ministerio de Justicia y Derechos Humanos, <http://www.saij.gob.ar/docs-f/ediciones/libros/Constituciones_argentinas.pdf>

Esta constitución tuvo vigencia por tres años, hasta el triunfo patriótico de la batalla de Ayacucho en 1824, con la que se selló la libertad de toda la América española, coincidiendo con la instalación de un congreso general constituyente en Buenos Aires, en donde las provincias mediante el dictado de la ley fundamental renovaron sus deseos de ser parte de una nación sin renunciar a sus autonomías, e instruían al congreso para el dictado de una constitución, lo que se logró en 1826.[93]

Tal y como sucede después del año 1810 en México, Chile, Argentina, Colombia, Guatemala y las demás colonias independizadas de España, en el territorio que fue segundo virreinato más importante para el imperio español, por su enorme riqueza en minería, se elabora la primera constitución de la recién emancipada república peruana en el año de 1823, en el capítulo III de este ordenamiento, denominado *religión,* se establece que la religión sería la católica, apostólica, romana con exclusión del ejercicio de cualquier otra, obligando a los poderes de la nación a protegerla junto con su evangelio.

Las repúblicas americanas, tras la obtención de su libertad, siguieron el mismo camino respecto de la permanencia de una religión de estado y la conservación de las prebendas, canonjías y privilegios del clero en todos estos países, lo cual, es una reminiscencia de un pasado ominoso como algo trágico y un medio de control social, a través del servicio que daban los curas, sacerdotes, obispos y demás miembros del clero a los poderes fácticos de las colonias españolas, con la prédica de los religiosos basada en la obediencia sin límites, el acatamiento de las órdenes a los grupos privilegiados, la negación de las libertades individuales, incluso el considerarse indigno ante los ojos de Dios.

---

93 *Ídem.*

Todos estos elementos ideológicos sirvieron para adormecer *a la indiada,* así como para evitar levantamientos y quejas de los habitantes naturales, lo que en realidad es un mito colonial, ya que el destacado historiador y abogado Francisco López Bárcenas, ha reunido la información de más de 200 levantamientos indígenas durante la Colonia, a los que debemos sumar muchos más después de 1810, entre los que destaca el levantamiento de las tribus de Sonora a principios del siglo XX, y el levantamiento del ejército zapatista en Chiapas el 31 de diciembre de 1993, los cuales como muestra de lo anteriormente enunciado, fueron fuertemente condenados por la iglesia católica española.[94]

Prueba fehaciente de lo que hemos señalado en el párrafo anterior, fue la persecución a diversos sacerdotes y movimientos sociales eclesiales que encabezó el primer nuncio apostólico, el obispo Girolamo Prigione, en México en el siglo pasado, quien ha sido considerado el artífice de la época más oscura de la iglesia mexicana, enviado por el papa Juan Pablo II, con la tarea de restablecer las relaciones diplomáticas entre México y la Ciudad del Vaticano; dando como resultado el descarado apoyo del partido en el poder y el establecimiento de redes de mutua protección y apoyo, con empresarios y sacerdotes mexicanos.

El Partido Revolucionario Institucional estableció con los grupos más retrógradas del conservadurismo mexicano redes de corrupción, dichos grupos fueron, entre otros; la Legión de Cristo, El Yunque, el MURO, el Frente Universitario Anti Comunista y los entonces obispos Norberto Rivera, Posadas Ocampo, Sandoval Iñiguez, y otros similares, Prigione en pleno siglo XX, inició, —como ya se había hecho en el

---

94 Francisco López Bárcenas, «Los movimientos indígenas en México: rostros y caminos», *Redalyc,* núm. 200 (2016): 60-75, <https://www.redalyc.org/pdf/325/32548630006.pdf>.

siglo XVIII—, una guerra frontal en contra de los jesuitas, la llamada, Sociedad de Jesús,[95] también propició la destrucción de la obra social del obispo de Cuernavaca, continuó su perversa labor cuando ordenó el cierre de seminarios, los que supuestamente tenían tendencias de formación en favor de la teología de la liberación, luego se enfrentó políticamente en contra del obispo de Ciudad Juárez, aplaudió la decisión del presidente Miguel de la Madrid, en el *fraude patriótico* contra el triunfo electoral de Francisco Barrio en Chihuahua,[96] para no decrementar su fatídica y vergonzosa tarea se confrontó con la Conferencia del Episcopado Mexicano, contribuyó de manera significativa en el intento de desprestigio del levantamiento indígena zapatista en 1994, en especial en contra de Don Samuel Ruíz, obispo de la diócesis de San Cristóbal.

---

95 Diego Peterson Farah, «Adiós a los príncipes de Prigione», *El Economista*, 22 de diciembre, 2017, <https://www. eleconomista.com.mx/opinion/Adios-a-los-principes-de-Prigione-20171222-0033.html>. Él alentó una iglesia conservadora y compartió el poder con el PRI, ya que encontró que la Iglesia y el Estado tenían una visión y misión común: desbaratar todo aquello que oliera a libertad y todo trabajo pastoral que acercara a los fieles a la participación política u organización social, apoyó a Norberto Rivera, quien cerró el seminario de Tehuacán, Acabó con el trabajo del obispo Méndez Arceo (conocido por sus enemigos como el obispo rojo), el encargado de desmontar el trabajo de Méndez Arceo fue Juan Jesús Posadas Ocampo y lo hizo con tal "eficiencia" que unos años después fue nombrado arzobispo de Guadalajara y ordenado cardenal. En 1985, tras un gran fraude electoral en Chihuahua que movilizó a toda la sociedad en ese estado, el obispo de Ciudad Juárez, Manuel Talamás Camandari, ordenó el cierre del culto como una forma de protesta, algo que no sucedía desde la Guerra Cristera. Prigione envió como obispo coadjutor a Juan Sandoval Íñiguez. Con la única diócesis que nunca pudo fue con la de San Cristóbal en Chiapas. Para muchos, la era Prigione es la más oscura de la iglesia mexicana.

96 «De la Madrid, marcado por la crisis y el fraude», *El Economista*, <https://www.eleconomista.com.mx/noticia/De-la-Madrid-marcado-por-la-crisis-y-el-fraude-20120401-0007.html>.

Es importante recordar que, desde el nacimiento del México independiente, a los ministros de culto nunca les fue negado ningún derecho, en un principio todos los habitantes eran católicos, tampoco se pueden negar las enormes evidencias de la participación política, social e incluso económica del clero y de los diversos movimientos laicales católicos, lo que seguía una tendencia impuesta en la Colonia, y la cual, sigue incluso hasta nuestros días.

No debemos, ni queremos negar que en un mínimo se redujeron los amplios poderes y los privilegios con que vivían los sacerdotes, especialmente en el cobro de los diezmos y primicias en la mitad del siglo XIX, especialmente como resultado de los cambios legislativos propuestos por Lerdo de Tejada y Juárez durante la Reforma, lo que provocó una serie de confrontaciones, denuestos, descalificaciones y ataques a todos los miembros de los gobiernos que, sin asumir propiamente un desligue con la iglesia, si trataron de establecer un estado laico y disminuir la influencia del clero.

En la medida que América avanzaba hacia la idea de la laicidad del estado, se comprendía su aportación a la vida democrática, en Europa, la aparición de nuevas filosofías, ideologías y propuestas sociales, dieron a la iglesia motivos para intentar recuperar algo del poder político que había cedido al finalizar el siglo XVIII, que, como ya hemos mencionado, había resultado de un acto de conciencia de muchos sacerdotes que vieron los errores y excesos que se cometían al tratar de conciliar el poder espiritual y político, pero, en la segunda mitad del siglo XIX, la iglesia consideró importante combatir al socialismo, comunismo y movimientos como el nihilismo, considerando que se trataba de graves errores de la vida moderna y un combate al cristianismo, artífices y líderes de estas acciones fueron en particular los papas Pío IX y León XIII.

En México, país en el que la iglesia católica había conservado y en algunos momentos acrecentado su influencia, poder financiero y político, se vio afectado con la aparición de ideas liberales, que conjuntamente a la laicidad del estado, la desamortización de los bienes eclesiales y la prohibición de ejercer cargos públicos, pero el impacto mayor para el clero menos escolarizado, el respeto a las libertades de conciencia y religión, amenazaba sus ingresos y su capacidad de influir sobre las decisiones políticas y sociales de los fieles adscritos a cada parroquia.

Es así que, la Ley de desamortización de bienes de manos muertas[97] o ley Lerdo, decretaba la venta de las propiedades rurales de la iglesia católica y las corporaciones civiles, con el fin de fomentar la actividad económica, de crear una clase media rural y obtener impuestos de la misma, fue una de las primeras leyes de reforma expedidas, las cuales marcaron el inicio de una reorganización del gobierno y la separación entre estado e iglesia; la Ley Juárez,[98] tampoco fue del agrado de los conservadores, ya que suprimió los tribunales especiales evadiendo los acostumbrados derechos de los militares y religiosos, de tal forma que los miembros de estos grupos podrían ser juzgados por cualquier tribunal del estado en asuntos civiles, no obstante, persistieron los tribunales militares y eclesiásticos para juzgar los delitos penales, aunque se recomendó al clero abandonar su fuero para estos casos; por último, la Ley sobre libertad de cultos,

97 Ley de desamortización de bienes de manos muertas, <https://www.cndh.org.mx/noticia/ley-de-desamortizacion-de-bienes-de-manos-muertas-o-ley-lerdo>

98 Ley sobre administración de Justicia y orgánica de los tribunales de la Nación, del distrito y territorios, <http://www.cervantesvirtual.com/obra/ley-juarez-23-de-noviembre-de-1855-o-ley-sobre-administracion-de-justicia-y-organica-de-los-tribunales-de-la-nacion-del-distrito-y-territorios-970467/>.

expedida por el presidente Benito Juárez, desagradó en exceso a la iglesia, en ésta se contemplaban en los tres primeros artículos, lo siguiente:

> Art. 1.—Las leyes protegen el ejercicio del culto católico y de los demás que se establezcan en el país, como la expresión y efecto de la libertad religiosa, que siendo un derecho natural del hombre, no tiene ni puede tener más límites que el derecho de tercero y las exigencias del órden público. En todo lo demás la independencia entre el Estado por una parte, y las creencias y prácticas religiosas por otra, y es y será perfecta é inviolable. Para la aplicación de estos principios se observará lo que por las leyes de la Reforma y por la presente se declara y determina.
>
> 2. Una iglesia ó sociedad religiosa se forma de los hombres que voluntariamente hayan querido ser miembros de ella, manifestando esta resolución por si mismos ó por medio de sus padres ó tutores de quienes dependan.
>
> 3. Cada una de estas sociedades tiene libertad de arreglar por sí ó por medio de sus sacerdotes, las creencias y prácticas del culto que profesa, y de fijar las condiciones con que admita los hombres á su gremio ó los separe de sí, con tal que ni por estas prevenciones ni por su aplicación á los casos particulares que ocurran, se incida en falta alguna ó delito de los prohibidos por las leyes, en cuyo caso tendrá lugar y cumplido efecto el procedimiento y decisión que ellas prescribieren.[99]

Pío IX publicó en diciembre de 1864 la Encíclica *Quanta cura,*[100] junto con el *syllabus complectens praecipuos nostrae aetatis errores,* en este documento, el papa hace un listado recopila-

---

99 Ley sobre libertad de cultos, <https://inehrm.gob.mx/work/models/Constitucion1917/Resource/338/1/images/LR_bjuarez37.pdf>.

100 «Carta Encíclica Divini Redemptoris, Del Sumo Pontífice Pío XI, sobre el Comunismo Ateo, 19 de marzo de 1937», World Documents, 2022, <https://vdocuments.pub/carta-enciclica-divini-redemptoris.html>.

torio de los principales errores de ese tiempo, en especial, critica la libertad de culto que venía promoviéndose desde la revolución francesa y el *risorgimento* italiano, además del liberalismo ideológico, político y la cultura moderna, así como condenaba los llamados estados laicos que proclamaban la separación Iglesia-Estado.

El papa León XIII ratificó la condena de Pío IX y definió su postura sobre el socialismo, el comunismo y el nihilismo en la encíclica *Quod apostolici muneris* del 28 de diciembre de 1878. De esta carta apostólica, queremos resaltar los siguientes puntos:

> LOS NUEVOS ERRORES
>
> 2. Es fácil comprender, Venerables Hermanos, que Nos hablamos de aquella secta de hombres que, bajo diversos y casi bárbaros nombres de socialistas, comunistas o nihilistas, esparcidos por todo el orbe, y estrechamente coligados entre sí por inicua federación, ya no buscan su defensa en las tinieblas de sus ocultas reuniones, sino que, saliendo a pública luz, confiados y a cara descubierta, se empeñan en llevar a cabo el plan, que tiempo ha concibieron, de trastornar los fundamentos de toda sociedad civil. Estos son ciertamente los que, según atestiguan las divinas páginas, mancillan la carne, desprecian la dominación y blasfeman de la majestad.
>
> 3. Nada dejan intacto e íntegro de lo que por las leyes humanas y divinas está sabiamente determinado para la seguridad y decoro de la vida. A los poderes superiores —a los cuales, según el Apóstol, toda alma ha de estar sujeta, porque del mismo Dios reciben el derecho de mandar— les niegan la obediencia, y andan predicando la perfecta igualdad de todos los hombres en derechos y deberes…
>
> 4. Atraídos, finalmente, por la codicia de los bienes terrenales, que es la raíz de todos los males, y que, apeteciéndola, muchos erraron en la fe, impugnan el derecho de propiedad sancionado por la ley natural, y por un enorme atentado, dándose aire de atender a las necesidades y proveer

> a los deseos de todos los hombres, trabajan por arrebatar y hacer común cuanto se ha adquirido a título de legítima herencia, o con el trabajo del ingenio y de las manos, o con la sobriedad de la vida.
>
> 5. Y estas monstruosas opiniones publican en sus reuniones, persuaden con sus folletos y esparcen al público en una nube de diarios. Por lo cual la venerable majestad e imperio de los reyes ha llegado a ser objeto de odio tan grande por parte del pueblo sedicioso, que sacrílegos traidores, no pudiendo sufrir freno alguno, más de una vez y en breve tiempo han vuelto sus armas con impío atrevimiento contra los mismos príncipes. Causa primera de los males: el alejamiento de Dios.[101]

Casi en el mismo año, en México, aparecieron expresiones muy severas de confrontación y rechazo a las leyes de reforma, [102] grupos de derecha, denominados conservadores, azuzados por el clero jerárquico tomaron decisiones muy agresivas y belicosas, con diversas manifestaciones de intensidad, gravedad y violencia, lo que se manifestó en un principio en actos de desobediencia, descalificación de los gobernantes, incluso, en la promoción de actos de rebelión en contra del gobierno legalmente establecido.

El caso más grave de esta guerra duró tres años y fue la traición cometida por los conservadores, quienes de mane-

---

101 «Carta Encíclica León XIII, 28 de diciembre de 1878, Quod Apostolici Muneris. Sobre el socialismo, comunismo, nihilismo», Catholic. net, 2023, <https://es.catholic.net/op/articulos/32227/cat/627/quod-apostolici-muneris-leon-xiii.html#modal>.

102 González Domínguez, María del Refugio, «Las Leyes de Reforma y la Constitución de 1857 motivaron la modernización del país: María del Refugio González Domínguez», Secretaría de Cultura, 20 de julio, 2017, <https://www.gob.mx/cultura/prensa/las-leyes-de-reforma-y-la-constitucion-de-1857-motivaron-la-modernizacion-del-pais-maria-del-refugio-gonzalez-dominguez?Idiom=es-MX>.

ra absurda invitaron al austriaco Maximiliano de Habsburgo a dirigir nuestro país, nombrándolo segundo emperador de México, lo sucedido fue de la siguiente manera; el ofrecimiento de la corona, realizaron una comisión de personas relacionadas con el Partido Conservador y la iglesia católica, quien estaba inconforme con el gobierno de Benito Juárez y más aún, con las disposiciones de la constitución de 1857.

La comisión encabezada por José María Gutiérrez de Estrada, Francisco Javier Miranda y don José Manuel Hidalgo Esnaurrízar viajó hasta el Castillo de Miramar, en Trieste, lugar donde residían Fernando Maximiliano de Habsburgo y su esposa, Carlota de Bélgica.

Entre los actos previos para modificar la constitución de 1857 los conservadores con el apoyo del alto clero nombraron al general Félix Zuloaga presidente de México, con la intención fue suprimir diversos artículos constitucionales contrarios a los intereses de la iglesia católica, como la obligación de la enseñanza laica, la supresión de fueros institucionales y la enajenación de bienes raíces a la iglesia, con la sola excepción de aquellos dedicados al culto.

La participación de la iglesia, principalmente la del arzobispo de México, como un apoyo para los conservadores, trajo consigo funestas situaciones contra el catolicismo, no solamente se enemistaron con los liberales, sino con el propio Maximiliano de Habsburgo quien como miembro de la realeza europea, era un fuerte opositor al regalismo, en poco tiempo las tropas de los conservadores fueron perdiendo espacios en la república, la iglesia se empobreció y los sacerdotes eran incapaces de recolectar diezmos y primicias, lo poco que conseguían era usado en su propia manutención.

Pronto Europa dejó de enviar préstamos a los conservadores, en tanto los liberales conseguían recursos del gobierno de los EUA, hasta que al fin se derroco el segundo imperio mexicano, con ello y a pesar de los intentos de lograr el perdón a Maximiliano de Habsburgo, fue fusilado junto con los generales Miguel Miramón y Tomás Mejía, además, el gobierno de Juárez tomó la decisión de confiscar las propiedades de los particulares que habían colaborado con el imperio y se incentivó la aplicación de las leyes para los bienes eclesiásticos que aún quedaban sin adjudicar o vender, de tal suerte que los jueces, párrocos y pobladores se disputaban el registro de nacimientos, matrimonios y defunciones.

El arzobispo Labastida, desde el exilio se enteraba de que el conflicto alcanzaba niveles alarmantes, la mitra de México acusaba a los jueces del registro por no cumplir las leyes de reforma, tanto las de separación de la iglesia y estado como las de los bienes nacionalizados, que exceptuaban las casas curales y sus huertas. Labastida supo que había cometido un error al participar decididamente en los levantamientos militares, porque no era una función de la iglesia, hasta que murió, en 1891, mantuvo el principio de no intervención de la iglesia en los movimientos políticos que cuestionaban la legitimidad del poder establecido.[103]

Las negociaciones y de acuerdos marcaron el periodo que se inició con la república restaurada y, entre otros problemas, muchos fieles se convertían e incorporaban a nuevas iglesias, lo que arrastró incluso a los sacerdotes que se dedicaron a realizar proselitismo por las nuevas doctrinas, la difusión de nuevas ideas y su adopción obligó a los obispos a prevenir a su feligresía contra la propaganda y los valores del protestantismo.

---

[103] Carlos Martínez Assad, «Marta Eugenia García Ugarte. *Poder político y religioso. México siglo XIX*, 2 t.», *Revista mexicana de sociología*, vol.74, núm. 2, abril-junio (2012).

Con la llegada al poder de Porfirio Díaz los nuevos arreglos entre el estado y la iglesia lograron la participación de los católicos en el gobierno, Labastida, quien era amigo de Porfirio Díaz, impulsó, con la aprobación de la santa sede, la acción individual de los laicos en política; desde entonces se incrementó el número de católicos en las filas gubernamentales, la infraestructura eclesiástica se fortaleció y la Iglesia recuperó su presencia durante el largo régimen de Porfirio Díaz.[104]

Entrado el siglo XX en el periodo pre revolucionario, la iglesia católica había recuperado buena parte de su influencia social y había logrado ayudar a colocarse en puestos políticos a muchos católicos, que, desde esta trinchera apoyaban a sus líderes religiosos, habían logrado unirse en temas comunes, la iglesia ayudaba en la manutención de asilos y orfanatos, incluso, había evitado nuevas desavenencias apoyando la separación del estado y la iglesia, la laicidad se mantenía sin conflictos y en una excelente armonía, esta estrategia ayudo al clero a aumentar su influencia con las familias mexicanas, al contar con los colegios más importantes y prestigiados de la nación, a lo que se sumaba que era en ellos, donde los estudiantes recibían los valores e ideas del cristianismo y que además eran miembros de familias privilegiadas económicamente ya que las escuelas religiosas eran en su totalidad privadas.

La formación de los jóvenes mexicanos en los colegios religiosos, les permitió alcanzar los más altos grados de conocimientos y disciplina, además y como ejemplo, la peda-

---

104 *Ibidem.* La política de conciliación del porfiriato se debió no sólo a la voluntad de Porfirio Díaz, sino a la praxis de Pelagio Antonio de Labastida, quien prefirió el acuerdo y la negociación antes que el conflicto, que tanto había sufrido a lo largo de su vida. Después de 1878, él era no sólo el arzobispo de México: era ya el líder indiscutible de la jerarquía católica mexicana.

gogía ignaciana, les hacía avanzar en un proyecto de vida, con: reflexión, conocimiento experiencial, diálogo, relación interpersonal y comunicación educativa entre maestros y estudiantes, rasgos de identidad y de identificación con la dignidad de la persona humana, mediante el desarrollo pleno intelectual, moral y espiritual.

La comunidad de los hermanos maristas llegados al final del siglo XIX a la ciudad de Guadalajara, tuvieron un enorme éxito y un sorprendente crecimiento, en unos cuantos años multiplicaron sus colegios a la ciudad de México, Chiapas, Guanajuato, San Luis Potosí, Veracruz, Yucatán, Querétaro y otros estados, la pedagogía del fundador de la orden San Marcelino Champagnat, sacerdote provinciano, hijo de personas muy modestas, implantó su propia historia en su pedagogía y definió que la formación de su alumnado se centraría en crear buenos cristianos y virtuosos ciudadanos, aunado a una formación que incluía el acondicionamiento físico, esta propuesta agradó a miles de familias que enviaron a sus hijos a formarse con los hermanos maristas, al igual que con los lasallistas, las religiosas del Sagrado Corazón, los salesianos, las mercedarias y varias decenas de congregaciones y órdenes católicas más.

En la época revolucionaria, en materia de educación, el proyecto carrancista proclamaba que la enseñanza sería laica en establecimientos oficiales, la primaria elemental y superior impartida en ellos sería gratis, pero sólo para las escuelas dependientes del gobierno, las instituciones particulares tenían entera libertad de acción y el estado no tenía derecho de intervenir en las políticas educativas de éstas, la redacción del artículo educativo, tal y como lo proponía Carranza, favorecía sin duda a los dueños de colegios católicos, pues les permitía buenos espacios para su funcionamiento; sin embargo, la propuesta del presidente Carranza es modificada en la constitución de 1917, ya que en el artículo 3 dice textualmente, lo siguiente:

> ARTÍCULO 3.—La enseñanza es libre; pero será laica la que se dé en los establecimientos oficiales de educación, lo mismo que la enseñanza primaria, elemental y superior que se imparta en los establecimientos particulares. Ninguna corporación religiosa, ni ministro de algún culto, podrán establecer o dirigir escuelas de instrucción primaria. Las escuelas primarias particulares sólo podrán establecerse sujetándose a la vigilancia oficial. En los establecimientos oficiales se impartirá gratuitamente la enseñanza primaria.[105]

Aunque es claro que la supuesta prohibición a que ninguna corporación religiosa, ni ministro de algún culto podría establecer escuelas de instrucción primaria, fue en realidad letra muerta, toda vez que, un amplio sector de la burguesía mexicana siguió enviando a sus hijos a los colegios de muchas congregaciones y órdenes católicas, lo que se puede observar en el crecimiento de escuelas operadas por el clero en los primeros treinta años del siglo XX.

Los conservadores permanentemente buscaban recuperar los privilegios de la época colonial, hasta que en el año de 1922, copiando la fórmula que habían fraguado en Italia con el dictador Benito Mussolini y el Papa Pío XI, se fundará el Partido Fascista Mexicano o PFM por el empresario Gustavo Sáenz de Sicilia, al cual se adhirieron, un numeroso grupo de personas opositoras a las políticas sociales de la revolución mexicana, miembros de la clase media urbana y rural que se oponían al socialismo y a la reforma agraria,

---

[105] Instituto De Investigaciones Jurídicas, UNAM, «Texto original de la Constitución de 1917 y de las reformas publicadas en el Diario Oficial de la Federación del 5 de febrero de 1917 al 1o. de junio de 2009», Biblioteca Jurídica Virtual del Instituto de Investigaciones Jurídicas de la UNAM, <https://archivos.juridicas.unam. mx/www/bjv/libros/6/2802/8.pdf>.

quienes vieron en el fascismo una alternativa cristiana y preservadora de sus valores.

A pesar de que la tesis de Sáenz de Sicilia y seguidores era preservar los valores del eurocristianismo, este partido fue visto con molestia y preocupación por los fascistas italianos, motivo por el cual, el embajador de Italia en México, al año siguiente de la fundación del homónimo mexicano se quejara ante las autoridades de nuestro país, con el argumento de que el PFM no era más que una mala imitación de la italiana, además de que no poseían, las causas de origen ni las finalidades de la misma, se asumió que en realidad era un movimiento político que pretendía reunir en el conjunto las fuerzas conservadoras y católicas dispersas por la revolución, para formar un partido claramente opuesto al gobierno en ese momento.

El PFM se disolvió en 1924, sus militantes se reagruparon en la Confederación de la Clase Media, un grupo contrarrevolucionario de corte católico y conservador contrario a las ideas sociales y liberales, años después apoyaron de manera activa y directa la rebelión de Saturnino Cedillo[106] y posteriormente se unieron a la Unión Nacional Sinarquista, una organización de ultraderecha con una base ideológica más sólida y propia, con principios de doctrina mejor definidos.

---

106 «Saturnino Cedillo: biografía, influencia y poder», *Lifeder*, <https://www.lifeder.com/saturnino-cedillo/#:~:text=Saturnino%20Cedillo%3A%20biograf%C3%ADa%2C%20influencia%20y%20poder.%20Saturnino%20Cedillo,el%20periodo%20postrevolucionario%20fue%20organizador%20de%20la%20>. En el periodo postrevolucionario fue organizador de la última rebelión contra el gobierno, pues se oponía a la educación socialista, la expropiación petrolera y el reparto colectivo de las tierras. Murió asesinado en 1939 luego de haberse levantado en armas contra el gobierno de Lázaro Cárdenas.

La escasa y corta actividad de esta organización ha sido estudiada ampliamente por diversos autores,[107] aquí sólo ofreceremos una semblanza, muy general, que destaque los vínculos que estamos analizando. Sus planteamientos programáticos se plasmaron en el Manifiesto del Partido Fascista Mexicano a la Nación, fechado en diciembre de 1922, así como en los Principios fundamentales del Fascismo Nacional Mexicano, publicados el 3 de abril de 192, en los que destacan las preocupaciones en lo que se consideraba un avance del bolchevismo importado de Rusia, y los llamados a trabajar:

> En contra de esas dictaduras, contra la injustificada y absurda opresión en que las clases sociales se encuentran, contra los radicalismos de nuestra legislación y las fanáticas intolerancias ultra-jacobinas que han venido a convertir en añicos uno de los más sagrados derechos del hombre, como es el relativo a adoptar y practicar la religión o credo que más les plazca, contra las teorías disolventes que llegan hasta el extremo de atacar y pretender destruir los vínculos de la nacionalidad mexicana, contra todos esos desmanes. Añaden el Fascismo Mexicano está resuelto a combatir esos males con perseverante energía.[108]

Los fascistas mexicanos abogaban por algo los mecanismos de representación ya adoptados por el congreso, al mis-

---

[107] Javier Mac Gregor Campuzano, *Imaginar el futuro. partidos nacionales y programas políticos en México 1918-1928,* (España: Editorial UAM, 2016). Georgette Emilia José Valenzuela, *El relevo del caudillo,* (México: Ediciones El Caballito, 1982). Eugene Braderman, *A study of political parties and politics in Mexico since 1890,* (Estados Unidos de América: University of Illinois, 1938).

[108] Javier Mac Gregor Campuzano, «La derecha mexicana en los años veinte: tradición católica y conservadurismo», *Revista de historia de América,* 21 de agosto, 2020, <https://revistasipgh.org/index.php/rehiam/article/view/636/1595>.

mo tiempo que se proponían materializar la no relección extendida a los cargos de representación popular.

En este sentido, encontramos que la corriente de política en México, caracterizada como de derecha y conservadora, se agrupó después de la revolución mexicana bajo diversas denominaciones y supuestamente con diferentes objetivos, en realidad estas asociaciones participaban bajo la égida del clero jerárquico, quienes pensaban que en una época que todavía era convulsa, podrían recuperar los privilegios y canonjías que les habían concedido los gobiernos conservadores de la primera mitad del siglo XIX, o al menos, las libertades que les había concedido Porfirio Díaz.

En el contexto de este escenario, llama la atención la aparición de múltiples y, por cierto, oscuros personajes, de los cuales recordamos a Miguel Palomar y Vizcarra,[109] Capistrán Garza, Diego Arenas Guzmán, Rafael Ceniceros y otros incluyendo al presidente del Partido Fascista Mexicano, quienes confluyeron en la creación de la Liga Nacional de

109 «PALOMAR Y VIZCARRA, Miguel», Pontificium Consilium de Cultura, 10 de agosto, 2020, <https://www.dhial.org/diccionario/index.php/PALOMAR_Y_VIZCARRA,_Miguel>. Fue cofundador del Partido Católico Nacional y de la Liga Nacional Defensora de la Libertad Religiosa, diputado por el Partido Católico en 1913, pronunció el discurso inaugural del Congreso Eucarístico Nacional celebrado en 1924 (nueve meses de haberse iniciado aquella idea, san Pío X declaró a la Virgen de Guadalupe Patrona de la América Latina), exhortando a defender el derecho de los padres de familia a educar a sus hijos, y a la libertad religiosa amenazada seriamente desde la promulgación de la Constitución de 1917. El documento más importante redactado por él, fue una *Constitución que abarcaba todos los aspectos de la vida de la Nación, y que se esperaba entrara en vigor una vez alcanzado el triunfo militar de los cristeros.* Tras los arreglos de 1929, Palomar viajó a Roma acompañado por José Serrano Orozco y José Antonio López Ortega para exponer a la Santa Sede las condiciones en que quedaron los católicos mexicanos, especialmente la situación de la educación pública.

Defensa de la Libertad Religiosa, la crearon con el objeto de concertar un movimiento en contra de persecuciones injustas y tiránicas, el año 1925[110] concurrieron a la fundación de la Liga Nacional Defensora de la Libertad Religiosa (LNDLR) miembros representativos de la Unión de Damas Católicas, los Caballeros de Colón, la Asociación Católica de la Juventud Mexicana y la Confederación Nacional Católica del Trabajo, entre otras organizaciones inspiradas por la acción social que propagara la encíclica papal Rerum Novarum.[111]

La LNDLR tuvo un destacado papel en la formación del denominado ejército cristero, que estalló la guerra en contra del estado mexicano hacia mediados de 1926,[112] como resultado del gravísimo error de Plutarco Elías Calles, fundador del PRI en la prohibición de las libertades religiosas.[113]

Intentar encasillar una corriente política del México de la década de 1920 como de derecha sería sencillo, pero el escenario posrevolucionario en alguna medida no era fácil de explicar, ya que, las luchas cotidianas, que eventualmente incluían los asesinatos y persecuciones se hacían por personas que en alguna medida se veían en el mismo espectro político, ya que, detrás de algunos líderes militares y sociales había pensadores e intelectuales de muy diversas ideologías,

---

110 Un año antes de la promulgación de la Ley Calles, ya se quejaban de las supuestas limitaciones al culto religioso resultantes de las modificaciones legislativas realizadas durante la reforma.

111 «Liga Nacional Defensora De La Libertad Religiosa», Ahunam, 2015, <http://www. ahunam.unam.mx/consultar_fcu?id=3.16.>.

112 Jean Meyer, «Cómo se tomó la decisión de suspender el culto en México en 1926?», *Revista de Estudios Históricos*, núm. 64, julio-diciembre, (2016): 165-94, <http://www.scielo.org.mx/pdf/treh/n64/2007-963X-treh-64-00165.pdf>.

113 Ley sobre delitos y faltas en materia de culto religioso y disciplina externa.

tal fue el caso del general Zapata, quien tanto durante la lucha armada y hasta el año 1919 cuando decidió incorporarse a la vida política con la creación del Partido Nacional Agrarista, tuvo a su lado al periodista, escritor y gran intelectual católico Antonio Díaz Soto y Gama, éste era en esencia un demócrata, anti comunista, el mismo dirigió el Partido creado por Emiliano Zapata, después del asesinato del General Zapata, partido que como muchas otras obras, también fue aniquilado por Plutarco Elías Calles.

Por otra parte, entre los grupos y los sectores más conservadores había movimientos que pugnaban por ampliar su rol en los nuevos gobiernos y en el caso de los sectores más conservadores, ellos combatían las ideas que consideraban socialistas, pensamiento que era difundido por el mismo jefe del estado Vaticano, sobre todo se denostaban aquellos artículos constitucionales que ampliaban las tendencias laicistas y pretendían restar fuerza al clero jerárquico. Los católicos mexicanos tenían la certeza de que la guerra contra el estado revolucionario era un deber cristiano, sustentado de manera importante por el Papa Pío XI, una muestra de esto estaba en la encíclica *Quas Primas:*

> La «paz de Cristo en el reino de Cristo»
>
> 1. Por lo cual, no sólo exhortamos entonces a buscar la paz de Cristo en el reino de Cristo, sino que, además, prometimos que para dicho fin haríamos todo cuanto posible nos fuese. En el reino de Cristo, dijimos: pues estábamos persuadidos de que no hay medio más eficaz para restablecer y vigorizar la paz que procurar la restauración del reinado de Jesucristo.
>
> 2. Entre tanto, no dejó de infundirnos sólida, esperanza de tiempos mejores la favorable actitud de los pueblos hacia Cristo y su Iglesia, única que puede salvarlos; actitud nueva en unos, reavivada en otros, de donde podía colegirse que muchos que hasta entonces habían estado como desterrados del reino del Redentor, por haber despreciado su sobe-

ranía, se preparaban felizmente y hasta se daban prisa en volver a sus deberes de obediencia.

Y todo cuanto ha acontecido en el transcurso del Año Santo, digno todo de perpetua memoria y recordación, ¿acaso no ha redundado en indecible honra y gloria del Fundador de la Iglesia, Señor y Rey Supremo?

[...]

Contra el moderno laicismo

23. Y si ahora mandamos que Cristo Rey sea honrado por todos los católicos del mundo, con ello proveeremos también a las necesidades de los tiempos presentes, y *pondremos un remedio eficacísimo a la peste que hoy inficiona a la humana sociedad. Juzgamos peste de nuestros tiempos al llamado laicismo con sus errores y abominables intentos*; y vosotros sabéis, venerables hermanos, que tal impiedad no maduró en un solo día, sino que se incubaba desde mucho antes en las entrañas de la sociedad. Se comenzó por negar el imperio de Cristo sobre todas las gentes; *se negó a la Iglesia el derecho, fundado en el derecho del mismo Cristo, de enseñar al género humano, esto es, de dar leyes y de dirigir los pueblos para conducirlos a la eterna felicidad. Después, poco a poco, la religión cristiana fue igualada con las demás religiones falsas y rebajada indecorosamente al nivel de éstas.* Se la sometió luego al poder civil y a la arbitraria permisión de los gobernantes y magistrados. Y se avanzó más: hubo algunos de éstos que imaginaron sustituir la religión de Cristo con cierta religión natural, con ciertos sentimientos puramente humanos. No faltaron Estados que creyeron poder pasarse sin Dios, y pusieron su religión en la impiedad y en el desprecio de Dios.

24. Los amarguísimos frutos que este alejarse de Cristo por parte de los individuos y de las naciones ha producido con tanta frecuencia y durante tanto tiempo, los hemos lamentado ya en nuestra encíclica *Ubi arcano*, y los volvemos hoy a lamentar, al ver el germen de la discordia sembrado por todas partes; encendidos entre los pueblos los odios y rivalidades que tanto retardan, todavía, el restablecimiento de la paz; las codicias desenfrenadas, que con frecuencia se

> esconden bajo las apariencias del bien público y del amor patrio; y, brotando de todo esto, las discordias civiles, junto con un ciego y desatado egoísmo, sólo atento a sus particulares provechos y comodidades y midiéndolo todo por ellas; *destruida de raíz la paz doméstica por el olvido y la relajación de los deberes familiares; rota la unión y la estabilidad de las familias; y, en fin, sacudida y empujada a la muerte la humana sociedad.*[114]

En México no había cargos relevantes para todos, lo que generó manifestaciones frecuentes de descontento y en ocasiones de violencia, tal es el caso de los generales Mario Ferrer, Miguel Alemán González, Juan Carrasco, Cástulo Pérez, Guadalupe Sánchez, Arnulfo Gómez y otros, que, pese a su formal adscripción al grupo de los revolucionarios, en realidad representaban los intereses de la estirpe más conservadora y luchaban contra el nuevo régimen.

Entre tanto los pocos representantes de la izquierda, principalmente comunistas y anarquistas estaban desunidos e incluso enfrentados, por lo que no representaron una preocupación seria para el gobierno revolucionario durante la década de los 20. En realidad, solamente el clero y los grupos católicos más retardatarios, veían moros con trinchetes en los socialistas y comunistas, a los que llamaban también rojos, bolchevistas y pro soviéticos.

La tensión entre la iglesia y estado, se agudizó e hizo más compleja en la medida que aparecían nuevos actores sociales y políticos, que sin ser afines a uno u otro grupo, en alguna manera hicieron visibles las diferencias más difíciles de conciliar, tales como el tratamiento a la enseñanza, el

---

114 «Pio XI Carta Encíclica Quas Primas, del Sumo Pontífice. Sobre la fiesta de Cristo Rey», Roma, 11 de diciembre, 1925, <https://www.vatican.va/content/pius-xi/es/encyclicals/documents/hf_p-xi_enc_11121925_quas-primas.html>. Énfasis añadido.

culto público, el apoyo a las organizaciones de la iglesia y los supuestos ataques a la propiedad y familia, como fue el caso del llamado apóstol de la educación José Vasconcelos, quien se había unido al Partido Nacional Antirreeleccionista con Francisco I. Madero como candidato a la presidencia, había sido rector de la Universidad Nacional Autónoma de México, Secretario de Instrucción Pública, miembro del Colegio Nacional y de la Academia Mexicana de la Lengua, entre otras distinciones ganadas tras el fraude perpetrado contra él en la elección presidencial de 1929 por el PRI, encabezado por Plutarco Elías Calles.

Tras lo cual, se exila y muestra su desilusión política frente a lo que la camarilla en el poder está convirtiendo la lucha revolucionaria, que además piensa que se inclina al socialismo, condiciones que lo llevan a virar ideológicamente hacia la derecha política, se convierte en un anticomunista que reniega de todo movimiento revolucionario o de izquierdas, es apoyado por otros personajes, que sin ser necesariamente de derechas, ni católicos, si utilizan el rechazo de Vasconcelos para pretender el logro de sus propias agendas.

Entre estos sobresalen; Rafael Ceniceros y Villarreal, René Capistrán Garza,[115] éste último, fue un político *sui generis* que se destacó en diversas acciones, como la fundación del Partido Nacional Anticomunista en 1959, el cual, puede ser considerado como el tercer partido abiertamente fascista en México, años después, en septiembre de 1968, bajo el amparo de la Unión de Católicos Anticomunistas Mexicanos, hace un llamado a los devotos para que luchen contra la intervención política extranjera apoyando patrióticamente al genocida Gustavo Díaz Ordaz, como periodista publicó

---

115 René Capistrán Garza, «Manifiesto a la Nación», *Arzobispado de Guadalajara*, <https://arquidiocesisgdl. org/boletin/2009-1-9.php>.

un artículo elogiando al Párroco de San Miguel Canoa,[116] Enrique Meza Pérez,[117] quien había comandado el linchamiento de un grupo de trabajadores de la Universidad Autónoma de Puebla, con el pretexto de defender nuestra cultura y valores cristianos, de la invasión comunista.

Como un importante antecedente, al final de la guerra cristera, el estado mexicano, en componendas con el clero jerárquico, entregó a la iglesia todas las facilidades para continuar con la educación de los hijos de las clases más privilegiadas económicamente, que resultaron ser los hijos de los empresarios, banqueros, hacendados y un sector de la clase media, a los que paradójicamente se sumaron los hijos de los miembros del congreso, los secretarios de estado, los dirigentes políticos y un gran número de líderes sociales y sindicales, que abrevaron de las tesis anti comunistas que se generaban en muchos de los colegios confesionales.

Uno de los más motivados dirigentes cristeros, fue Salvador Abascal Infante,[118] quien con un pequeño grupo decidió

---

116 César Huerta Ortiz, «A 50 años de Canoa: una pistola, un cura y amenazas de muerte», *El universal,* 13 de septiembre, 2018, <https://www.eluniversal.com.mx/espectaculos/cine/50-anos-de-canoa-una-pistola-un-cura-y-amenazas-de-muerte>. El cura Enrique Meza Pérez se levantó de su silla y cuando regresó cortó cartucho de una pistola calibre 45 y la colocó sobre la mesa que lo distanciaba del cineasta Felipe Cazals y el escritor Tomás Pérez Turrent, cuando visitaron este Pueblo para realizar el filme del mismo nombre.

117 Rafael González, «Como ahora, crimen en Canoa quedó impune: sobreviviente», *Milenio,* 11 de septiembre, 2018, <https://www.milenio.com/politica/comunidad/como-ahora-crimen-en-canoa-quedo-impune-sobreviviente>. Protegido por el Obispo y por la Iglesia Católica mexicana, el cura Enrique Meza Pérez fue enviado a la parroquia de, Santa Inés Ahuatempan, sin que la justicia civil, ni eclesial lo procesara, los fanáticos que azuzó quedaron impunes, tras la masacre de Canoa, Puebla.

118 Francisco Alejandro García Naranjo, «Entre la histeria anticomunista y el rencor antiyanqui: Salvador Abascal y los escenarios de

no deponer las armas, posteriormente fundó la colonia María Auxiliadora en Baja California Sur; otro caso de mayor importancia y sin duda de mayor éxito fue el de la creación de la Unión Nacional Sinarquista,[119] fundada el 23 de mayo de 1937 en la ciudad de León, Guanajuato, con la participación de José Antonio Urquiza, Juan Ignacio Padilla, Jesús Hernández Alcalá, los Hermanos Trueba y los Hermanos Zermeño, como sus principales fundadores, los cuales fueron apoyados por falangistas españoles avecindados en México y algunos fascistas mexicanos.

Este movimiento llegó a dominar buena parte de la región del Bajío, hasta que, al incorporarse a las filas de Acción Nacional, desapareció del mapa, quedando de éste, so-

---

la guerra fría en México», Universidad Michoacana de San Nicolás de Hidalgo 19 de mayo, 2014, <https://revistas.uptc.edu.co/index.php/historia_memoria/article/view/3204/5519>. Salvador Abascal fue un interesado en la historia mexicana, a la que juzgó desde una óptica católica, antirrevolucionaria, antimasón, anticomunista y antiliberal, dedicó obras a Hidalgo, la guerra de reforma, a Juárez, a la revolución mexicana, a la Constitución de 1917, y al gobierno de Lázaro Cárdenas entre otras, fue un ideólogo conservador que representa la histeria anticomunista de los sectores más extremos del catolicismo mexicano que desde siempre ha visto en peligro a la familia, la sociedad, el Estado, y el devenir histórico del país con los procesos de cambio. Desde la cultura católica radical construyó una mirada del pasado y presente de México en la que el liberalismo y la amenaza comunista, eran procesos e ideologías que había trastocado la civilización cristiana.

119 Marielos Martín del Campo, «México tuvo nazis: la siniestra organización secreta que existió en la SGM», *El Sol de México,* 31 de marzo, 2022, <https://www.elsoldemexico.com.mx/doble-via/nazis-en-mexico-union-sinarquista-nacional-8074419.html>. En 1937 en la ciudad de León, Guanajuato, se creó la Unión Nacional Sinarquista (UNS), conformada por miembros de la corporación secreta conocida como "La base", fundada a fines de 1934 en apoyo a los católicos.

lamente vestigios y referencias de su importancia en la vida política nacional.

En 11 de febrero de 1929, con el fin de la Cristiada, el gobierno fascista italiano cuyo primer ministro era Benito Mussolini firma con el Estado Vaticano, el denominado Pacto o Tratado de Letrán, el cual proporcionó el reconocimiento mutuo entre el entonces Reino de Italia y la Santa Sede. El pacto fue negociado entre el cardenal y secretario de estado Pietro Gasparri en nombre de Pío XI y el líder fascista Benito Mussolini.

El tratado establecía un reconocimiento a la independencia y soberanía de la Santa Sede y la Ciudad del Vaticano, un concordato para definir las relaciones civiles y religiosas entre el gobierno y la iglesia en Italia, lo cual se resumió como la iglesia libre en el estado libre; así como una convención financiera que proporcionaba a la Santa Sede una compensación por sus pérdidas en 1870.

A través del concordato ya señalado, el papa acordó enviar a los candidatos para el obispado y el arzobispado al gobierno de Italia, requerir a los obispos que jurasen lealtad al estado de Italia antes de tomar el cargo y prohibir al clero tomar parte en la política; mientras que este estado acordó modificar las leyes sobre el matrimonio y el divorcio en la iglesia católica romana , declarar a los miembros del clero exentos de tomar parte en el servicio militar obligatorio; garantizaron a la iglesia católica romana el estatus de iglesia oficial del estado, con un poder sustancial en el sistema educativo italiano, lo cual no se modificaría hasta el año de 1984, cuando se eliminó el catolicismo como religión de estado en Italia.

> En nombre de la muy santísima Trinidad, Considerando: "Que la Santa Sede e Italia han reconocido que convenía eliminar toda causa de discrepancia existente entre ambos y llegar a un arreglo definitivo de sus relaciones recíprocas que sea conforme a la justicia y a la dignidad de las dos

Altas Partes y que, asegurando a la Santa Sede, de una manera estable, una situación de hecho y de derecho que le garantice la independencia absoluta para el cumplimiento de su alta misión en el mundo, permita a esta misma Santa Sede reconocer resuelta de modo definitivo e irrevocable la Cuestión Romana, surgida en 1870 por la anexión de Roma al reino de Italia bajo la casa de Saboya; que es necesario para asegurar a la Santa Sede la independencia absoluta y evidente, garantizarle una soberanía indiscutible, incluso en el terreno internacional, y que, como consecuencia, es manifiesta la necesidad de constituir con modalidades particulares la Ciudad del Vaticano reconociéndose a la Santa Sede, sobre este territorio, plena propiedad, poder exclusivo y absoluto y jurisdicción soberana; Su Santidad el Soberano Pontífice Pío XI y Su Majestad Víctor Manuel III, rey de Italia, han resuelto estipular un tratado, nombrando a este efecto dos plenipotenciarios, los cuales han acordado los siguientes artículos":

Artículo 1.—Italia reconoce y reafirma el principio consagrado en el artículo 1° del Estatuto del reino, de fecha de 4 de marzo de 1848, en virtud del cual la religión católica, apostólica y romana es la única religión del Estado.

Art. 2.—Italia reconoce la soberanía de la Santa Sede en el campo internacional como un atributo inherente a su naturaleza, de conformidad con su tradición y con las exigencias de su misión en el mundo.

Art. 3.—Italia reconoce a la Santa Sede la plena propiedad, el poder exclusivo y absoluto de la jurisdicción soberana sobre el Vaticano, con todas sus dependencias y dotaciones, estableciendo esta suerte de Ciudad del Vaticano para los fines especiales y con las modalidades que contiene el presente tratado.

Art. 4.—La soberanía y la jurisdicción exclusiva que Italia reconoce a la Santa Sede sobre la Ciudad del Vaticano implica esta consecuencia: que ninguna injerencia por parte del Gobierno italiano podrá manifestarse allí y que no habrá otra autoridad allí que la Santa Sede.

> Art. 8.—Italia considera como sagrada e inviolable la persona del Soberano Pontífice, declara punible el atentado contra ella y la provocación al atentado, bajo amenaza de las mismas penas establecidas para el atentado o provocación al atentado contra el Rey. Las ofensas e injurias cometidas en territorio italiano contra la persona del Soberano Pontífice, en discursos, actos o en escritos serán castigados como las ofensas e injurias contra la persona del Rey
>
> Art. 12.—Italia reconoce a la Santa Sede el derecho de legación activa y pasiva según las normas del derecho internacional.
>
> Art. 18.—Los tesoros de arte y de ciencia que existen en la Ciudad del Vaticano y en el Palacio de Letrán permanecerán visibles a los estudiosos y a los visitantes, reservándose a la Santa Sede, plena libertad de reglamentar la entrada del público.
>
> Art. 20.—Las mercancías que provengan del exterior y enviadas a la Ciudad del Vaticano se les permitirán siempre pasar por el territorio italiano con plena exención de derecho de aduana y de consumos.
>
> Art. 24.—La Ciudad del Vaticano será siempre y en todos los casos considerada como un territorio neutral e inviolable.[120]

La firma del tratado o pacto de Letrán, generó enormes repercusiones en nuestro país, ya que, el episcopado mexicano con la anuencia de la Santa Sede y con el apoyo de los obispos estadounidenses exigió que se buscara una salida pacífica al conflicto después de tres años de lucha, lo cual provocó la indignación de algunos combatientes de la guerra cristera, quienes vieron los acuerdos entre Calles y los obispos mexicanos como una traición[121] a quienes habían

---

120 Lateran Treaty Italy, <https://www.britannica.com/event/Lateran-Treaty>

121 Pablo Serrano Álvarez, «¿Cuál fue la traición a la rebelión cristera?», Relatos e historias en México, 2023, <https://relatosehistorias.mx/

defendido a los valores cristianos, ante los infortunios del creador del Partido Revolucionario Institucional.

En 1933, el general chihuahuense Nicolás Rodríguez Carrasco, creó formalmente una segunda organización fascista, la llamada Acción Revolucionaria Mexicanista, como un grupo muy virulento, anticomunista y proto-falangista, creó también un cuerpo armado denominado *los camisas doradas,* quienes fueron promotores de zafarranchos con la policía y el ejército, uno de ellos el más grave en el zócalo de la Ciudad de México; entre las inarticuladas y absurdas peticiones del general Rodríguez estaban la expulsión de los judíos y los chinos de nuestro país y la renuncia del general Lázaro Cárdenas.

Nicolás Rodríguez invitaba a la unión de todos los mexicanos que habían estado en constante lucha unos en contra de otros, pedía que se terminaran las divisiones de partidos y se luchara por la patria, por el suelo que les pertenecía, sentía un profundo respeto y admiración por Adolfo Hitler y sus políticas sociales y económicas.[122]

---

nuestras-historias/cual-fue-la-traicion-la-rebelion-cristera>. El miedo a perder la guerra hizo que los miembros del Comité Episcopal buscaran el apoyo directo del Vaticano y de los católicos estadounidenses, para presionar al gobierno callista con una solución adecuada. Sin embargo, esto produjo el enfrentamiento con los dirigentes de la Liga y con los combatientes cristeros que, según ellos, tenían asegurado el triunfo contra el callismo ateo.

122 Janet Membrila, «Dos famosos nazis», *El Universal,* 29 de agosto, 2019, <https://www.eluniversal.com.mx/opinion/mochilazo-en-el-tiempo/dos-famosos-nazis-en-mexico>. El embajador del Tercer Reich en México, Rüdt con Collenberg decía: Los verdaderos fascistas de México son los camisas doradas tomaron como su bandera la lucha contra el comunismo y los judíos, el embajador anunció que él "había sido designado agregado de prensa de la legación alemana en la ciudad de México por instrucciones del Ministerio de Relaciones Exteriores en Berlín", de acuerdo con Carlos Inclán Fuentes en su

En el año 1934, se fundó una agrupación política de católicos, la cual, utilizó diversos nombres, entre los que sobresalieron; Partido Social Cristiano, Partido Social Demócrata Cristiano, Movimiento Unificador Nacionalista Sindical y Movimiento Unificado Nacionalista, agrupación que en la década de los cincuenta se convertiría en el Partido Nacionalista Mexicano, con una marcada orientación filo fascista, católico y enemigo de las tesis marxistas y socialistas, tras su rápida desaparición, la inmensa mayoría de sus miembros y aliados, terminarían afiliándose, al partido creado en 1939 fundado por los abogados Manuel Gómez Morín, Efraín González Luna y Miguel Estrada Iturbide.[123]

Lo acontecido en el año 1934, es de gran importancia para entender el crecimiento del neofascismo y comprender la aparición de tantos y variados grupos de extrema derecha, que fueron violentos desde su fundación y enmarcaron la batalla contra las políticas y acciones de justicia social por el gobierno cardenista, siendo las más combatidas, establecer una educación socialista a través de la reforma al

---

libro Perote y los nazis, trabajó durante cinco años de manera intensa en actividades para crear y difundir periódicos, revistas, folletos y boletines pro alemanes. El escritor Carlos Inclán cuenta que para ello "se relacionó con gente del medio periodístico y con agrupaciones políticas de derecha afines al fascismo". Algunos lo llamaron "el Führer mexicano".

123 María Teresa Gómez Mont, *1915-1939: raíz y simiente de un proyecto nacional,* (México: Fondo de Cultura Económica, 2008). El Partido Acción Nacional fue fundado el 15 de septiembre de 1939, los más destacados fundadores fueron Gómez Morín y González Luna, quienes crearon un partido de derecha, pero no vinculado a ningún sector eclesial, ni con vínculos con prelados, si bien el creador de las principales tesis filosóficas del partido, las sustentaba en la corriente filosófica de la Doctrina Social Cristiana, lejos estaba González Luna de coincidir con las tesis y las prácticas del fascismo.

artículo 3° constitucional,[124] en el sentido de que excluiría toda doctrina religiosa de sus contenidos y buscaría combatir el fanatismo, presentando a los estudiantes un concepto racional, exacto y científico del universo y la sociedad; lo que otorgó al estado mexicano la facultad para controlar los distintos niveles del sistema educativo público y vigilar la educación impartida en las escuelas privadas, la idea era construir, bajo control directo del gobierno federal, un modelo educativo inspirado en la doctrina de la revolución mexicana.

El término socialista más que ser concebido en el sentido ortodoxo del término, se interpretó como escuela socializada que no estuviera al margen de la vida y la sociedad, sino que combatiera sus lacras y actuara en defensa de las clases desposeídas; el propio Cárdenas señalo que "La educación socialista combate el fanatismo, capacita a los niños para una mejor concepción de sus deberes para con la colectividad y los prepara para la lucha social en la que habrán de participar.".[125]

Entre las clases privilegiadas se infundió el temor al comunismo, mismo que propagaron entre la clase media y grupos eclesiales con falsos argumentos relacionados con la pérdida de la propiedad privada; esto contribuyó a que la creación de los ejidos, la dotación y restitución de tierras se ejecutó a través de la expropiación y eliminación de los latifundios,[126] Cárdenas concibió al ejido como un instrumento para que los campesinos e indígenas tuvieran la oportuni-

---

124 Alejandro Cirilo Ortiz, *Laicidad y reformas educativas en México: 1917-1992,* (México: Instituto de Investigaciones Jurídicas-UNAM, 2015).

125 «La educación cardenista», Instituto Nacional de Estudios Históricos de las Revoluciones de México, <https://inehrm.gob.mx/work/recursos/Cardenas/pdf/2_ LaEducacionCardenista.pdf>.

126 José Rivera Castro, «Política agraria y movilización campesina en México (1934-1940)», En *Lázaro Cárdenas: Modelo y Legado,* Secreta-

dad de trabajo sin explotación, la restitución de las tierras que a algunos les fueron arrebatadas, con el fin de lograr la soberanía alimentaria para el pueblo de México.

Los cambios al artículo 27 constitucional fueron un enorme logro el eje de la política agraria hasta la década de los noventa, cuando Carlos Salinas de Gortari, eliminó el ejido, regreso a la iglesia su riqueza, rompió el estado laico y terminó el festín iniciado por De la Madrid, con la venta de casi 1000 empresas paraestatales a la burguesía nacional y extranjera, sobresalió en su sexenio el restablecimiento de relaciones con el Vaticano.[127]

Por su parte, desde 1934 los miembros de la clerecía hacían circular propaganda durante los servicios parroquiales, en que se promovía la oposición abierta al proyecto educativo del gobierno cardenista, el jefe del Instituto de Acción Social en el Estado de México, Gustavo Jarquín, informaba a la Secretaría de educación pública de la existencia de una hoja propagandística contraria a la reforma constitucional que circulaba en las comunidades de los municipios de Tenancingo, Malinalco, Villa Guerrero, Ixtapan de la Sal y Coatepec.

---

ría de Cultura-Instituto de Estudios Históricos de las Revoluciones de México, 259-86. México: INERHM, 2020.

127 Emilio Sacristan Roy, «Las privatizaciones en México», *Economía UNAM* vol. 3, núm. 9, (2006): 54-64. El cambio coincide con el inicio del gobierno del presidente De la Madrid y el desprestigio de los excesos de los gobiernos priistas. Se abandona la política progresista y nacionalista y se adopta una política de carácter neoliberal. José Alonso, «México: Contrarrevolución neoliberal y relaciones con el Vaticano», Revista Desafíos, núm 4-5 (2001): 215-27, <https://revistas.urosario.edu.co/index.php/desafios/article/view/5922/3906>. José Galindo Rodríguez, «Las reformas en la relación iglesia-estado durante el periodo del presidente Salinas», en *El estado laico y los derechos humanos en México, 1810-2010*, coord. Margarita Moreno Bonett y Rosa María Álvarez de Lara, (México: Facultad de Filosofía y Letras, 2012), <https://archivos.juridicas.unam.mx/www/bjv/libros/7/3101/32.pdf>.

Al respecto, se comentaba que en la Iglesia de Tenancingo había sido repartida a los padres de familia y a sus hijos durante la fiesta del santo que se celebraba en el pueblo, enviaba una copia del documento, en que se acusaba a la escuela socialista de querer seguir los pasos de Rusia, donde los hijos habían perdido el respeto y el amor a sus padres, de tal manera que no han titubeado en denunciarlos ante el estado, porque querían hacerse obedecer.

Aceptar este tipo de educación, decía la propaganda, sería estar de acuerdo con la mentira horrible de que los niños no pertenecen a la familia, sino al estado, por lo que arengaba a la población a luchar contra el gobierno, sosteniendo el más sagrado y legítimo derecho de los padres: la autoridad sobre sus hijos.[128]

Pío XI[129] en el año 1937, definió la postura de la Iglesia sobre el comunismo ateo en su encíclica *Divini redemptoris,* las condenas de la Santa Sede al comunismo fueron rescatadas por la jerarquía mexicana desde el sexenio de Lázaro Cárdenas y hasta la década de los sesenta. De esta Encíclica resaltaremos del Capítulo II, los siguientes puntos:

> II. DOCTRINA Y FRUTOS DEL COMUNISMO
>
> 8. El comunismo de hoy, de un modo más acentuado que otros movimientos similares del pasado, encierra en sí mismo una idea de aparente redención. Un seudo ideal de justicia, de igualdad y de fraternidad en el trabajo satura toda su

---

128 Claudia Gabriela Tapia González, «La antirreligiosidad de la educación socialista. Maestros y católicos ante la campaña de desfanatización», *La Colmena*, <http://web.uaemex.mx/plin/colmena/Colmena42/Colmenario/ Claudia.html>.

129 Pío XI, declaró a el comunismo cómo intrínsecamente perverso y dijo no se puede admitir que colaboren con él en ningún terreno los que quieren salvar la civilización cristiana". Esta idea de la perversidad intrínseca del comunismo dio a los grupos sociales católicos y anticomunistas un arma importante de ataque durante la década de los treinta en adelante.

doctrina y toda su actividad con un cierto misticismo falso, que a las masas halagadas por falaces promesas comunica un ímpetu y tu entusiasmo contagiosos, especialmente en un tiempo come el nuestro, en el que por la defectuosa distribución de los bienes de este mundo se ha producido una miseria general hasta ahora desconocida. Más aún: se hace alarde de este seudo ideal, como si hubiera sido el iniciador de un progreso económico, progreso que, si en algunas regiones es real, se explica por otras causas muy distintas, como son la intensificación de la productividad industrial en países que hasta ahora carecían de ella; el cultivo de ingentes riquezas naturales, sin consideración alguna a los valores humanos, y el uso de métodos inhumanos para realizar grandes trabajos con un salario indigno del hombre.

9. La doctrina que el comunismo oculta bajo apariencias a veces tan seductoras se funda hoy sustancialmente sobre los principios, ya proclamados anteriormente por Marx, del materialismo dialéctico y del materialismo histórico, cuya única genuina interpretación pretenden poseer los teóricos del bolchevismo. Esta doctrina enseña que sólo existe una realidad, la materia, con sus fuerzas ciegas, la cual, por evolución, llega a ser planta, animal, hombre. La sociedad humana, por su parte, no es más que una apariencia y una forma de la materia, que evoluciona del modo dicho y que por ineluctable necesidad tiende, en un perpetuo conflicto de fuerzas, hacia la síntesis final: una sociedad sin ciases. En esta doctrina, como es evidente, no queda lugar ninguno para la idea de Dios, no existe diferencia entre el espíritu y la materia ni entre el cuerpo y el alma: no existe una vida del alma posterior a la muerte, ni hay, por consiguiente, esperanza alguna en una vida futura. Insistiendo en el aspecto dialéctico de su materialismo, los comunistas afirman que el conflicto que impulsa al mundo hacia su síntesis final puede ser acelerado por el hombre....

10. El comunismo, además, despoja al hombre de su libertad, principio normativo de su conducta moral, y suprime en la persona humana toda dignidad y todo freno moral eficaz contra el asalto de los estímulos ciegos. Al ser la per-

sona humana, en el comunismo, una simple ruedecilla del engranaje total, niegan al individuo, para atribuirlos a la colectividad, todos los derechos naturales propios de la personalidad humana. En las relaciones sociales de los hombres afirman el principio de la absoluta igualdad, rechazando toda autoridad jerárquica establecida por Dios, incluso la de los padres; porque, según ellos, todo lo que los hombres llaman autoridad y subordinación deriva exclusivamente de la colectividad como de su primera y única fuente. Los individuos no tienen derecho alguno de propiedad sobre los bienes naturales y sobre los medios de producción, por qué. siendo éstos fuente de otros bienes, su posesión conduciría al predominio de un hombre sobre otro. Por esto precisamente, por ser la fuente principal de toda esclavitud económica, debe ser destruida radicalmente, según los comunistas, toda especie de propiedad privada.

11. Al negar a la vida humana todo carácter sagrado y espiritual, esta doctrina convierte naturalmente el matrimonio y la familia en una institución meramente civil y convencional, nacida de un determinado sistema económico; niega la existencia de un vínculo matrimonial de naturaleza jurídico-moral que esté por encima de la voluntad de los individuos y de la colectividad, y, consiguientemente, niega también su perpetua indisolubilidad. En particular, para el comunismo no existe vínculo alguno que ligue a la mujer con su familia y con su casa. Al proclamar el principio de la total emancipación de la mujer, la separa de la vida doméstica y del cuidado de los hijos para arrastrarla a la vida pública y a la producción colectiva en las mismas condiciones que el hombre, poniendo en manos de la colectividad el cuidado del hogar y de la prole. Niegan, finalmente, a los padres el derecho a la educación de los hijos, porque este derecho es considerado como un derecho exclusivo de la comunidad, y sólo en su nombre y por mandato suyo lo pueden ejercer los padres.[130]

---

130 *Pío XI, Divini redemptoris, Carta encíclica sobre el comunismo ateo. 19 de marzo de 1937,* 5a edición, (México: Ediciones Paulinas, 1988).

La oposición de la iglesia mexicana a la doctrina y a los sistemas políticos que impulsaban al comunismo, régimen que según ellos penetraba a la clase política del país, fue adoptada por los sectores más conservadores de las clases medias y altas del país, para los cuales, el comunismo era un peligro para la educación de sus hijos, para sus inversiones, en suma, para sus privilegios; a pesar de que la historia nos muestra que el PRI ya se empezaba a derechizar.

De esa manera, la campaña anticomunista que inició a final del siglo XIX con las encíclicas papales ya mencionadas, continuó durante casi todo el siglo XX y se ha renovado con la aparición de corrientes neofascistas en México, a las que se han sumado grupos empresariales, un sector del clero jerárquico y la ultraderecha católica.

Desde el surgimiento del movimiento comunista en el siglo XIX, la iglesia católica lo condenó por considerar que la mayoría de sus principios era contrario e incluso contradictorio a la doctrina católica, los aspectos del comunismo que aparentemente le preocupaban más a la iglesia eran el materialismo, el ateísmo y la abolición de la propiedad privada, éstas fueron las principales razones por las que puso todos los medios a su alcance para combatirlo.

En el México de los años treinta la iglesia y algunos sectores de la sociedad veían al comunismo como un peligro real, ya que, su instauración en el país no les parecía remota, principalmente durante el cardenismo, en este contexto la jerarquía católica mexicana, ayudada por la Acción Católica, la Unión de Católicos Mexicanos, Asociación Católica de la Juventud Mexicana, Unión Femenina Católica Mexicana y Juventud Católica Femenina Mexicana, se dedicó a desprestigiar y combatir las supuestas ideas comunistas.

No es de extrañar y mucho menos se trata de una casualidad, que en el mismo año en que Pío XI atacara y condenara al comunismo, en México, específicamente en León, Guanajuato, se creara la Unión Nacional Sinarquista (UNS), un movimiento político, social y cultural mexicano, la ideología de esta agrupación fue definida por sus creadores, como nacionalista, democrática, cooperativista hispanista y social-comunitaria.

Cabe señalar que al igual que el fascismo español esta sociedad se auto define como hispanista, lo que conlleva su identidad católica, los principales fundadores fueron José Antonio Urquiza, Juan Ignacio Padilla, Jesús Hernández Alcalá, los Hermanos Trueba, los Hermanos Zermeño, entre otros, a los que se sumaron, un enorme número de personas del Bajío, pertenecientes a asociaciones eclesiales y otros sociales católicos.

En días cercanos a su fundación se entrevistó al principal promotor de la UNS, José Antonio Urquiza, a quien se le pregunto si consideraba que había alguna relación entre la UNS y los partidos fascistas europeos, ante lo cual, abiertamente contestó que respecto al fascismo: "seríamos insinceros si negáramos la influencia ejercida sobre el Sinarquismo por los Movimientos victoriosos entonces en Europa, asintió que en México, Hitler, Mussolini y Franco, ganaban simpatías, admiración y aplausos. [...] lo que admiró e imitó con frecuencia, es el espíritu y férrea voluntad de esos pueblos que, bajo la dirección de hombres innegablemente colosales, lograron elevar a sus países de la postración más ominosa a un plano de progreso material y poderío bélico".[131]

Para 1939 la UNS contaba con más de 50 mil afiliados que se concentraban en 102 comités, al año siguiente el par-

---

131 Brice Calsapeu Losfeld, «No todo lo que brilla es oro: apuntes sobre la naturaleza del sinarquismo mexicano, en Tzintzun», *Revista de estudios históricos,* núm. 61, enero-junio (2015): 130-62, <https://www.scielo.org.mx/scielo.php?script=sci_arttext&pid=S1870-719X2015000100004>.

tido decidió tomar un papel neutral en las elecciones presidenciales, pero la gran simpatía popular al candidato opositor Juan Andrew Almazán, desató un movimiento de apoyo a su favor, lo que concluyó con acontecimientos violentos, el ganador fue el candidato oficialista, el general Manuel Ávila Camacho.

Los festejos que en ese mismo año celebraron, fascistas, sinarquistas, el alto clero mexicano, los movimientos contra revolucionarios, la extrema derecha y otras personas en México, no tiene antecedentes tan macabros, pues fue el triunfo de Francisco Franco en España y el inicio de la expansión de la Alemania nazi comandada por Adolfo Hitler en Europa; parece que a algunos se les olvida la enorme fascinación con la que se seguían los discursos anticomunistas de ambos sátrapas en nuestro país.

Este mismo año, el 16 de septiembre se funda el Partido Acción Nacional, con un corte ideológico de derecha, pero no vinculado al fascismo, sus principales fundadores y artífices de los principios filosóficos y tesis políticas, son Manuel Gómez Morín, abogado chihuahuense, quien fue director de la Escuela de Derecho de la UNAM, rector de la misma casa de estudios y Secretario de hacienda; proponía combatir la corrupción gubernamental, ciudadanizar la política, democratizar al país, para lo cual propuso la creación de un instituto político en el que se reunirían todas las expresiones sociales.

Al abogado jalisciense Efraín González Luna, un ferviente católico, experto en doctrina social cristiana y académico de la Universidad de Guadalajara, se le atribuye la creación de las tesis filosóficas del PAN, sustentadas en la doctrina social cristiana, por lo tanto, no es creíble su afinidad a una expresión tan deleznable de la política como era el fascismo, de hecho, no se le ubica en ninguna de los grupos ultra conservadores de su época.

Por último, el abogado michoacano Miguel Estrada Iturbide, quien fue un hábil y notable litigante, demócrata y propulsor de tesis favorables al cambio pacífico de nuestro país, fue un miembro de ningún grupo pendenciero o de confrontación directa al gobierno.

Estos tres personajes representan con otros mexicanos una lucha frontal, ciudadana, democratizadora y civilizada frente a los excesos y corrupción del priismo. El partido fundado por estos tres abogados, entre otros destacados ciudadanos, ahora vive un vergonzoso matrimonio con el PRI.

En 1944 la UNS obtiene su registro como partido político con más de medio centenar de miles de afiliados y en 1948, un par de jóvenes, durante un mitin, colocan una sábana en la cabeza de la estatua de Juárez, en el hemiciclo del Distrito Federal, pretexto que el régimen usó para cancelar el registro oficial a fuerza popular.

Durante la presidencia de Manuel Ávila Camacho, algunos sectores consideraron que la amenaza comunista ya no era tan grande y sus preocupaciones en este sentido disminuyeron, el resultado fue un discurso y una política gubernamental menos radical y de apertura a la inversión extranjera y de colaboración con los estadounidenses.

Fue notorio que la iglesia mejoró su situación frente al estado,[132] tuvo mayor libertad de acción y aumentó su injerencia en cuestiones como la educación privada,[133] sin embargo, a pesar de que las condiciones de iglesia católica mejoraron, nunca dejó de presionar para lograr un cambio en las leyes

---

132 Soledad Loaeza, «Notas para el estudio de la Iglesia en el México contemporáneo», En *Religión y política en México,* coordinado por Martín de la Rosa y Charles Reilly (México: Siglo XXI-Universidad de California, 1985).

133 Valentina Torres Septién, *La educación privada en México, 1903-1976,* (México: Universidad Iberoamericana-El Colegio de México, 1997).

constitucionales que regulan y limitan su intervención en la vida pública.[134]

Al concluir la segunda guerra mundial, surgieron dos bloques enfrentados ideológicamente, el de occidente liderado por EUA y el de Europa del este, comandado por la Unión de Repúblicas Socialistas Soviéticas (URSS), en el periodo denominado de guerra fría, con ello, la iglesia católica en occidente sumó enemigos, tanto reales como ficticios.

El comunismo ateo, la masonería, la pérdida de fieles en todos los países, el crecimiento de los grupos cristianos neopentecostales, la creación del estado israelí, el crecimiento y expansión de los musulmanes, la liberación femenina, el neoliberalismo, la corrupción de menores, el ateísmo, el laicismo, los desplazados, las hambrunas, el rompimiento de los lazos sociales, el incremento de las desigualdades, las guerras religiosas, el odio a los imperios, así como otras situaciones provocaron la pérdida de la confianza en el clero, en las órdenes religiosas y en los valores de la Europa cristiana.

---

134 Carmen Lira Saade, «La Unión Nacional de Padres de Familia, creada para combatir la educación laica», *Jornada,* 5 de febrero, 2003, <https://www.jornada.com.mx/2003/02/05/044n2soc.php?printver=0>. Desde su creación, el 27 de abril de 1917, la Unión Nacional de Padres de Familia (UNPF) tuvo como objetivo expreso combatir el mandato constitucional de la educación laica, colocar a los padres de familia como el "tercer sector" en la instrucción pública y, más recientemente, emprender una férrea oposición a la educación sexual basada en la promoción de la anticoncepción y el sexo seguro. Incluso, la UNPF organizó una manifestación en contra de las campañas públicas del condón portando carteles con la pregunta: ¿Dónde estarías si tu padre hubiese usado condón? Personaje peculiar ha sido Rafael Ayala López, declaró que estaba en contra de la gratuidad porque "es muy oneroso para el Estado", y pugnó por el aumento de las cuotas de las escuelas, dijo ello solucionaría "la deserción escolar en todos los niveles de educación.

Los bloques de naciones surgidos al finalizar la segunda guerra mundial, el socialista y el capitalista, se presentaron como antagónicos e irreconciliables hasta al menos el año de 1989, cuando cayó el muro de Berlín,[135] como resultado del colapso económico de la URSS; algunos sectores sociales mexicanos consideraban que la presencia de ambas influencias era nociva para la sociedad, la del comunismo por su ateísmo y materialismo, así como la del capitalismo norteamericano por el hedonismo[136] que atentaba contra el ambiente moral, aunado a que estimulaba la expansión del protestantismo, sin obviar que a esta nación se le adjudica el nacimiento y crecimiento del poder del estado de Israel.

Al terminar la guerra, la jerarquía católica mexicana atacó de forma sistemática al Partido Comunista Mexicano, a sus militantes y a los funcionarios estatales que, a su parecer, simpatizaban con la URSS o tenían ideas comunistas.; en el centro de estos ataques estaba el orador y líder sindical Vicente Lombardo Toledano,[137] los líderes magisteriales

---

135 Mar Pichel, «Por qué cayó el Muro de Berlín y cómo su desaparición cambió el mundo», *BBC News,* 9 de noviembre, 2019, <https://www.bbc.com/mundo/noticias-internacional-50214151>.

136 *El hedonismo,* (Unión Soviética: Diccionario soviético de filosofía, 2017), <https://www.filosofia.org/enc/ros/hed.htm>. Hedonismo. Principio de la fundamentación de las exigencias morales, según el cual el bien se define como lo que proporciona deleite y libera de los sufrimientos, mientras que el mal, como lo que lleva implícito el sufrimiento. El hedonismo surgió ya en la Antigüedad. En Grecia se llamaba hedonistas a los partidarios de la ética de Aristipo, las ideas del hedonismo ocupan el lugar central en el utilitarismo de Mill y Bentham. En las teorías burguesas modernas, el hedonismo suele figurar sólo como principio metodológico que se utiliza para determinar el mal, aunque la mayoría de los éticos burgueses considera que la definición del bien a través del deleite es una grosera simplificación y vulgarización de los problemas morales.

137 Daniela Spenser, «Historia, política e ideología fundidas en la vida de Vicente Lombardo Toledano», *Revista Desacatos,* núm. 50 enero-abril, (2016).

Dionisio Encinas, Luis Chávez Orozco, Luis Álvarez Barret y Gaudencio Peraza, entre otros.

Al igual que en el siglo XIX, la iglesia esgrimió el argumento de que el catolicismo era consustancial a la mexicanidad, considerando que la contribución de la iglesia en la creación de la nacionalidad mexicana era fundamental además de estar esencialmente ligada a la historia nacional, de tal suerte que cualquier ideología, situación o persona que atentara contra los valores enarbolados por la iglesia católica, era un sinónimo de traición a la patria, sin olvidar que, además se les atribuían la comisión de faltas graves a la moral y a la doctrina.

Dicha postura resultó alentada por el macartismo en los EUA; periodo que fue nombrado así por el senador republicano Joseph McCarthy,[138] quien fue un feroz anticomunista que afirmó muchas falsedades, como tener una lista de 205 nombres de comunistas infiltrados en el gobierno, denunció a directores, guionistas, escritores y actores de Hollywood, lo que resultó en una cacería de brujas y una enorme lesión financiera a esta industria, lamentablemente tuvo respaldo popular al darse en el contexto de la guerra de Corea y la guerra fría, miembros del ejército fueron denunciados por este grotesco personaje, quien fue reprendido en el Senado por su conducta, dando fin a su carrera política.

Paralelamente el anticomunismo de los episcopados latinoamericanos se basaba, principalmente, en la sospecha de que las condiciones socioeconómicas de los países de Amé-

---

138 Teresa Amiguet, «Joseph McCarthy, el cazador cazado», La Vanguardia. Hemeroteca, 2 de diciembre, 2019, <https://www.lavanguardia.com/hemeroteca/20191202/471993039732/joseph-maccarthy-senado-estados-unidos.html>. J.R Fernández de Cano, «McCarthy, Joseph Raymond (1908-1957)», La web de las biografías. <http://www.mcnbiografias.com/app-bio/do/show?key=mccarthy-joseph-raymond>.

rica latina propiciaban las rebeliones de *contagio* comunista, el cual, contrariaba el orden establecido por Dios, a fines de los cincuenta y principios de los sesenta, ocurrió una gran agitación social; los crecientes conflictos con los campesinos, maestros, médicos y ferrocarrileros habían sido resueltos con violencia y violaciones a los derechos humanos, es decir, más que una resolución había sido un aplastamiento de las demandas sociales.

Demetrio Vallejo fue miembro del Partido Obrero Campesino Mexicano, sufrió vejaciones, persecución y cárcel, por su parte Valentín Campa,[139] luchador social desde los 22 años, miembro del Partido Comunista Mexicano, entregó 7 décadas de su vida a impulsar la transformación del sistema político y social de nuestro país, fue encarcelado en la prisión de Lecumberri en 12 ocasiones, sumando un encarcelamiento en toda su vida de 13 años, 11 meses y 13 días, en 1976 fue candidato a la presidencia, sin registro y sin partido, en contra del candidato único de 8 partidos políticos López Portillo.

Las luchas campesinas de la época tienen como su mejor representante al revolucionario Rubén Jaramillo, cofundador de la Unión de Productores de Caña de México, se levantó en armas tras ser víctima de un intento de homicidio patrocinado por empresarios, comenzando el movimiento jaramillista a favor de una mejor paga para los ejidatarios cultivadores de la caña, en contra de la imposición política violenta y arbitraria; murió asesinado por el ejército mexicano junto con su esposa, tres hijos, sobrinas y sobrinos, ami-

---

139 Santiago Alvárez Campa, «Nace Valentín Campa Salazar Líder sindical ferrocarrilero, defensor de los derechos laborales, luchador social» CNDH México, 2019, <https://www.cndh.org.mx/noticia/nace-valentin-campa-salazar-lider-sindical-ferrocarrilero-defensor-de-los-derechos>.

gos y algunos jóvenes que se encontraban en su casa cuando fue detenido extrajudicialmente en 1962, en la denominada operación Xochicalco.

En el caso del movimiento médico de los residentes e internos en 1964 conocido también como ANAMERE,[140] la virulencia con la cual respondió Díaz Ordaz fue inaudita, éste no fue en realidad un movimiento social, sino el reclamo de los médicos internos y residentes de un hospital del ISSSTE con el objeto de que se les pagara el aguinaldo, por lo que los atacó, denostó y algunos fueron expulsados del hospital, muchos otros hospitales se sumaron al legítimo reclamo en una marcha en la colonia Roma, pero fueron agredidos por policías y empleados de limpias quienes los agredieron, bañaron con anilina y vejaron.

El caso más emblemático de este proceso es el del ínclito maestro Ismael Cosío Villegas, quien se opuso a la represión diazordacista, comprometido con los médicos internos y residentes, se declara en favor del movimiento médico y como respuesta se le exigió su renuncia del Hospital de Enfermedades Respiratorias, dicho nosocomio fue tomado por el ejército, también fue obligado a dejar su cátedra en la UNAM la cual había impartido por más de 38 años, se le prohibió la entrada a los hospitales públicos, lo que le obligó a dedicarse a la práctica privada de su profesión, en detrimento de la enseñanza universitaria.[141]

Desde el fin de la cristiada fue evidente que las negociaciones y relaciones entre estado e iglesia se realizaban

---

140 Gabriel García Colorado y Rodolfo Ondarza Rovira, «El Movimiento de los Médicos Residentes e Internos de 1964», *Voces del periodista*, 1 de diciembre, 2021, <https://vocesdelperiodista.mx/opinion/el-movimiento-de-los-medicos-residentes-e-internos-de-1964>.

141 García Colorado y Ondarza Rovira, «El Movimiento de los Médicos Residentes e Internos de 1964».

entre la alta jerarquía católica y el ejecutivo federal, por tanto, quedaban excluidos los movimientos de laicos, además los arreglos evidenciaban que actuaban al margen de sus supuestos representados, motivo por el cual, los movimientos laicos más grandes, poderosos y ambiciosos en influencias, recursos financieros y vínculos con partidos, se volvieron más beligerantes y empezaron a usar nuevas tácticas, creando incluso fuerzas paramilitares tales como el Frente Universitario Anticomunista (FUA),[142] el Movimiento Universitario de Renovadora Orientación (MURO),[143] Vanguardia Integradora de la Mexicanidad (VIM),[144] esta última fue una organización católica secreta que luchaba contra el inexistente complot judeo-masónico-comunista.

Todos estos grupos hasta la creación de las más secreta y poderosa de ellas, el Yunque, fueron financiados por empresarios católicos y un muy pequeño sector de la iglesia, al que poco importaban las técnicas violentas empleadas, esta sociedad secreta y reservada ha sido impulsada por personas poderosas económica y políticamente, los cuales a través de ella se han apoderado de partidos políticos, de pequeñas agrupaciones seglares y han dictado e impulsado líneas de

---

142 Mónica Alcántara Navarro, «Jóvenes católicos, militancia y redes anticomunistas en la década de 1970: el caso del Consejo Nacional de Estudiantes», *Contemporánea. Toda la historia en el presente*, vol. 9, núm. 17, enero-junio (2022), <https://con-temporanea.inah.gob.mx/del_oficio_monica_alcantara_num11>.

143 Mireya Cuellar, «La organización de ultraderecha nació en el contexto de la oleada anticomunista. Grupos católicos y empresariales apoyaron la creación del MURO», *La Jornada*, 2023, <https://www.jornada.com.mx/2003/11 /24/007n1pol.php>.

144 «Panorama político de la Universidad Nacional Autónoma de México (U.N.A.M.): Análisis actual de los grupos políticos estudiantiles», Archivos de la represión, <https://biblioteca.archivosdelarepresion.org/item/84864#?c=&m=&s=&cv=&xywh=-667%2C-192%2C5940%2C3840>.

acción en varios gobiernos, que les ha multiplicado sus privilegios y riqueza.

También hay que recordar que en la década de los treinta en la Universidad Autónoma de Guadalajara se gestó la Asociación Fraternaria de los Estudiantes de Jalisco,[145] un grupo de choque compuesto por jóvenes católicos concentrados en frenar el avance comunista en la universidad, conocida a través del tiempo como los TECOS.

En unos pocos años, los miembros del Yunque, desplazaron a los militantes de ACJM y de la Acción Católica, ya que estos grupos veían a la política como instrumento para servir a la patria, en su lugar, llegaron quienes veían los partidos políticos como instrumento para hacerse del poder gubernamental[146] y *crear* un sistema católico, antisemita, anticomunista, anti masón, homofóbico y para ello, se afiliaron a diversos partidos, especialmente al Partido Acción Nacional y el Partido Revolucionario Institucional en segundo lugar, pero también a partidos de izquierda;[147] unas pocas décadas después, el PAN, estaba infiltrado ampliamente por el Yunque, el MURO, Desarrollo Humano Integral y Acción Ciudadana (DHIAC), Pro Vida y otros grupos neofascistas, incluyendo el sector femenino del Yunque, representado por la Asociación Nacional Cívica Femenina, A.C. ANCI-

---

145 Fernando González, «Jesuitas y laicos: diversas maneras de encarar los "arreglos" de 1929», en *Política y Religión*, editado por Agustín Vaca García (México: Estudios Jalisciences, número 99, 2014) 19-35.

146 Luis Ángel Hurtado Razo, «Las caras de El Yunque u Orquesta, un acercamiento al actuar de una sociedad reservada-secreta», *Scielo,* 21 de noviembre, 2019, <http://www.scielo.org.mx/scielo.php?script=sci_arttext&pid=S140509272015000100189>.

147 En 2015, Salvador Martínez de la Roca siendo el secretario de Educación de Guerrero, anunció un acuerdo para que la asociación Incluyendo México capacitara a maestros y padres de familia de la región. Con esto cedía parte del control de la educación a una organización cuyo líder está vinculado a los sectores de la ultraderecha en México.

FEM, todos estos grupos tomaron el control de ese partido, lo desviaron de sus orígenes y proyecto social demócrata cristiano.

Entre los personajes que destacaron e impulsaron las ideas fascistas[148] en el PAN, se encuentran, Federico Müggenburg, Guillermo Velasco Barrera, Luis Felipe Bravo Mena, Carlos María Abascal Carranza, Ana Teresa Aranda Orozco, Francisco Javier Salazar Sáenz, Fernando Guzmán Pérez Peláez, Arturo Chávez Chávez, Alfonso Bravo Mier, César Jáuregui y Marco Antonio Adame, entre otros.

La campaña anticomunista lanzada por la iglesia católica, en la que tuvieron una actuación muy importante algunos de los movimientos ultra conservadores, tuvo un éxito inexplicable, debido a que paralelamente la ciudadanía podía ver y sufrir las consecuencias de los gobiernos de tendencias fascistas.

Ello se pudo ver entre los años 1936 a 1939, cando los fascistas españoles, se levantaron contra el gobierno legítimo de la República española, los generales Francisco Franco, Emilio Mola, Luis Orgaz Yoldi, Joaquín Fanjul, Francisco Franco, Ángel Rodríguez del Barrio, Miguel García de la Herrán, Manuel González Carrasco, Andrés Saliquet y Miguel Ponte, iniciaron el golpe de estado en contra de la república, previamente habían mentido al pueblo, con la falsa aseveración de que España se convertiría en una república bolchevique, el golpe fue apoyado por la iglesia, muchos empresarios y banqueros, argumentando la recuperación

148 «Entrevista a Victoria Uroz (II): "El Yunque es un desafío que no tiene precedentes en la historia de la Iglesia"». Forum Libertas, 21 de junio, 2022, <https://www.forumlibertas.com/hemeroteca/entrevista-a-victoria-uroz-ii-el-yunque-es-un-desafio-que-no-tiene-precedentes-en-la-historia-de-la-iglesia/>.

de la hispanidad, este levantamiento fascista dio fin a la democracia española.

Benito Mussolini apoyó a los generales españoles con 1,500,000 pesetas, armas modernas, apoyo logístico y 70,000 soldados italianos, a los que se sumaron los 40,000 mercenarios musulmanes que contrató Franco; además, Adolfo Hitler, envió a España al sector de elite del ejército alemán, la *Luftwaffe*, tocó a la Legión Cóndor, misma legión que en 1939 invadiría Polonia y en 1940 a Francia, al final de la guerra civil, Franco y Hitler permitieron la destrucción de ciudades y el asesinato de civiles, como preparación a la barbarie que generaría el fascismo alemán en la segunda guerra mundial.

La guerra civil española ha sido una de las más violentas en la historia del mundo, en 1939 había 1,000,000 de muertos, pero una sola religión, la católica y un solo partido; 500,000 exiliados y 2,000,000 de presos, a lo que habrá que sumar los 150,000 asesinados entre 1939 y 1975; la única fracción española que obtuvo beneficios, fueron 40,000 sacerdotes, los casi 31,000 religiosos, las 46,000 monjas y el alto clero al que se le regresaron las propiedades que les había quitado el gobierno socialista.[149]

El éxito de las campañas emprendidas es incomprensible, tanto por los antecedentes del fascismo europeo, como el de la propia Latinoamérica, la iglesia y los grupos empresariales, junto con los movimientos laicales organizaron concentraciones masivas de repudio al comunismo, en que los oradores se sucedían de forma ininterrumpida para hablar de los horrores de ese sistema; alguien escribió la fra-

---

[149] *Morir en Madrid*, dirigida por Frédéric Rossif, <https://www.youtube.com/watch?v=iMyT53vjw-o&t=295s>.

se, ahora casi leyenda *cristianismo sí, comunismo no,*[150-151] pegote con el que se llenaron calles y domicilios de los católicos mexicanos, a lo que se sumaron las parroquias y casas de sacerdotes y religiosos.

En esta misma época la conferencia del episcopado mexicano emitió un enorme número de bonos anticomunistas,[152] con el objetivo de hacerse de recursos económicos, estos estarían destinados a combatir la expansión de las propuestas que intentaban minar al cristianismo y el ateísmo que proponían Marx, Lenin y otros enemigos de la fe, los valores occidentales y, sobre todo, de la verdad intrínseca del legado de la ciudad de Dios, con acciones como la señalada, aumentaron los sentimientos del nacionalismo anticomunista, ahora los donadores, quienes adquirieron dichos bonos, sienten ser héroes, salvadores de la patria, se convierten a través de esta dádiva en los recipiendarios y dueños de los valores, de la identidad nacional y de las estructuras

---

150 María Martha Pacheco, «¡Cristianismo sí, comunismo no! Anticomunismo eclesiástico en México», Estudios de Historia Moderna y Contemporánea de México, 2006, <https://moderna.historicas.unam.mx/index.php/ehm/article/view/3069/68797#:~:text=ANTICOMUNISMO%20ECLESI%C3%81STICO%20EN%20M%C3%89XICO&text=La%20Iglesia%20cat%C3%B3lica%20combati%C3%B3%20de,P%C3%ADo%20XI%20en%20el%20>.

151 Hugo Armando Escontrilla Valdez, «Iglesia católica y sociedad civil: tensiones y rupturas», *Política y Cultura,* núm. 38, otoño (2012): 67-86, <http://www.scielo.org.mx/pdf/polcul/n38/n38a5.pdf>.

152 Andrés Sevilla Arias, «¿Qué son los bonos?», Economipedia, 1 de marzo, 2020, <https://economipedia.com/definiciones/bono.html>. La economipedia, señala que los bonos son una de las principales fuentes de financiación de las grandes empresas y las Administraciones públicas, principalmente de los Gobiernos, que mediante la emisión de bonos materializan la deuda, entregando a sus prestamistas un activo financiero, es decir, son préstamos con una renta fija. La diferencia con los "bonos" emitidos por la CEM, es que eran un donativo de los laicos a la santa madre iglesia.

sociales, propiedad y gobierno, lo que permitirá preservar el poder y la identidad nacional.

Actualmente el Partido Revolucionario Institucional, creado con el nombre de Partido Nacional Revolucionario en el año de 1929 por el presidente Plutarco Elías Calles a instancias del embajador de EUA en México, mismo que fue el partido hegemónico desde el año de su fundación y hasta el año 2000, fecha en la que perdió la presidencia ante un incoherente y desinformado político, encabezando al PRI, se encuentra después de 93 años de existencia en su peor momento, en el Congreso de la Unión es la cuarta fuerza política, al tener 14 escaños en la Cámara de senadores y 70 en la Cámara de diputados, así como 2 de 32 gubernaturas, cuando tuvo el 100% de ellas entre 1929 y 1989, cuando aceptó por primera vez una derrota ante la oposición, cabe mencionar que, en el pasado cuando perdía alguna recurría con descaro al fraude, como fue en el escandaloso caso de Chihuahua en 1986, convirtiéndolo en el partido más desacreditado de México.

El PRI en su vida institucional cambió de ideología con una asombrosa facilidad, el *gatopardismo* de los dirigentes fue entre cínico y asombroso, aunque siempre se ubicó asimismo como un partido liberal, nacionalista y de izquierda revolucionaria, los errores cometidos en su totalidad eran resueltos, para lo cual, contaban con la complicidad de los medios de comunicación, la jerarquía religiosa, del empresariado que era abiertamente simpatizante del partido hegemónico, las clases medias, especialmente las menos escolarizadas, los sindicatos, los miembros de etnias originarias y otros sectores que creían o eran beneficiados por las políticas sociales del PRI.

La iglesia católica, había quedado al fin de la cristiada muy satisfecha con los acuerdos logrados con el responsable de esta guerra interna del país, ya que el PNR, asesorado y con la injerencia del embajador Dwight W. Morrow, logró la pacificación del país, consiguió seducir a una parte del episcopado mexicano para que pactase con el gobierno arreglos desfavorables que obligaron a deponer las armas a los cristeros, quienes estaban ya cerca de la victoria definitiva sobre el gobierno.[153]

El Vaticano reconoció la importancia de este apoyo, en virtud de que era representante de la poderosa potencia, el embajador viajó con monseñor Leopoldo Ruiz y Flores, arzobispo de Michoacán y delegado apostólico , así como monseñor Pascual Díaz, obispo de Tabasco; durante el trayecto los tres prepararon la negociación de paz, al final de la cual, los representantes firmaron con el presidente Portes Gil los acuerdos entre la iglesia católica y el estado redactados por Morrow, en los que el clero reconocía sin pacto ni compromiso alguno, que los actos del clero se ajustarían a la constitución y las leyes mexicanas; por otro lado, el gobierno, cedió a la iglesia católica concesiones significativas, entre ellas la perpetuación de la educación privada y religiosa, además, legalizó el movimiento clerical clandestino.[154]

Durante más de 70 años el PRI se conservó como único partido en el poder, en muchas ocasiones en contra de la lógica más elemental, pese a sus errores, escándalos, corrupción, sino incluso de violencia generalizada, por mencionar solamente unos de los peores acontecimientos.

---

153 Juan *González Morfín*, «Dwight W. Morrow: retrato de un no-político que supo cambiar las reglas políticas», Redalyc, 30 de junio, 2022, <https://www.redalyc.org/journal/393/39372147008/html/>.

154 Servando Ortoll, «María del Carmen Collado Herrera, Dwight W. Morrow: reencuentro y revolución en las relaciones entre México y Estados Unidos, 1927-1930», *América. Latina en la historia económica*, núm. 33, enero-junio (2010): 255, <https://www.scielo.org.mx/scielo.php?script=sciarttext&pid=S1405-22532010000100007#notas>.

Matanzas y crímenes de la dictadura de muchos rostros

La matanza de Tlatelolco, en la que asesinaron a más de 500 jóvenes los elementos del Batallón Olimpia y policías vestidos de civil, aunado a que algunos sobrevivientes que se refugiaron en edificios aledaños fueron perseguidos por el miembros del ejército sin órdenes judiciales; la responsabilidad política recayó en Luis Echeverría y Gustavo Díaz Ordaz.

El 4 de junio de 1969 el político tabasqueño Carlos Madrazo fue asesinado junto con otros 78 pasajeros del avión de mexicana de aviación en cual viajaba,[155] esto fue el resultado de la primera intención formal de democratizar al PRI, Madrazo había renunciado a su militancia y creado el Partido Patria Nueva, en el cual empezaron a hacerse miembros miles de ciudadanos, además de haber impedido una reforma constitucional por la cual Díaz Ordaz pensaba reelegirse.

La matanza del jueves de corpus, también conocida como "el halconazo", sucedió el 10 de junio de 1971, cuando manifestación estudiantil que apoyaba a sus pares de Monterrey, transitaba cerca de la estación del metro Normal, cuando un grupo armado con tanques antimotines, camiones de bomberos, patrullas y hasta francotiradores los repelieron por la fuerza, estableciéndose un enfrentamiento de dos horas, teniendo como saldo al menos 70 estudiantes muertos; Echeverria, en un intento de deslindarse de estos actos pidió la renuncia del jefe del Departamento del Distrito Federal, Alfonso Martínez Domínguez.

---

155 Martha Anaya, «La muerte de Carlos Alberto Madrazo fue un crimen político», Unotv.com, 25 de febrero, 2020, <https://www.unotv.com/videoblogs/opinion/martha-anaya/detalle/la-muerte-de-carlos-alberto-madrazo-fue-un-crimen-poltico-379836/>.

Durante la administración de José López Portillo se buscó explotar los yacimientos de petróleo y generó un acelerado proceso de endeudamiento, lo cual precipitó una crisis económica, para 1982 la deuda externa llegaba a 59 mil millones de dólares y la inflación alcanzaba 90 por ciento anual; en su intento por mostrarse fuerte y seguro, López Portillo afirmó en una entrevista con corresponsales extranjeros que defendería el peso como un perro; mismo que al final enfrento una de sus peores devaluaciones; aunado a la estatización de la banca y una malversación de fondos públicos que privó de sus ahorros a millones de mexicanos. Entre 1976 y 1982, Arturo Durazo Moreno[156] se desempeñó como jefe del Departamento de Policía y Tránsito de la Ciudad de México, durante el gobierno de José López Portillo y contó con el apoyo de éste, fue un símbolo de corrupción tan patente, aunado a la acumulación de dinero desmedida que le llevo a construir un chalet estilo suizo, equipado con un galgódromo, caballerizas, canchas de tenis, un gran estacionamiento, contaba con una colección de autos de lujo y una réplica de la discoteca Studio 54, mandó edificar su propio Partenón de 20 mil metros cuadrados en Zihuatanejo.

Miguel de la Madrid cuyo lema conocido era la renovación moral, dio la imagen de tratar de limpiar las dependencias públicas, terminar con los actos corruptos de los funcionarios en las más altas esferas de la política, sin embargo, fue el responsable del más escandaloso fraude electoral en Chihuahua, además de tolerar la corrupción de Joaquín Hernández Galicia la quina, ex líder del sindicato petrolero.

---

[156] Nilda Olvera, «El negro" Durazo: símbolo de la corrupción de México, *Mugs noticias*, 5 de agosto, 2020, <https://www.mugsnoticias.com.mx/uncategorized/el-negro-durazo-simbolo-de-la-corrupcion-de-mexico/>.

Durante este sexenio también encontramos la fractura del PRI, debido a que algunos simpatizantes consideraron un dedazo e imposición la designación de Salinas de Gortari como aspirante a la presidencia, este movimiento, encabezado por Cuauhtémoc Cárdenas Solórzano tomo como estandarte el abandono de los principios del partido; logrando que Cárdenas fuera postulado como candidato a la presidencia de la república por el dirigente del Partido Auténtico de la Revolución Mexicana, al que se sumaron los partidos Popular Socialista y el Partido del Frente Cardenista de Reconstrucción Nacional, que junto con otras con otras agrupaciones formaron el Frente Democrático Nacional (FDN).

Luis Donaldo Colosio también recordado como el reformador por algunos priistas, fue asesinado en Tijuana, Baja California, marcando un punto de inflexión en la corrupción dentro de la política mexicana, ya que, pese a que el presunto autor de los disparos fue detenido de inmediato, se pudo constatar que sus rasgos físicos eran diferentes a los del tirador, sembrando la duda de la legitima detención y los intereses que ampararon este asesinato a sangre fría.[157]

José Francisco Ruiz Massieu, conocido por ser el ex cuñado del ex presidente Carlos Salinas de Gortari, también fue asesinado en la Ciudad de México el 28 de septiembre de 1994, las sospechas apuntaban hacia el nombrado ex

---

157 Aminetth Sánchez, «Caso Colosio: rastros de muerte», *Milenio,* 21 de marzo, 2019, <https://www.milenio. com/policia/caso-colosio-rastros-de-muerte>. Hasta el 15 de septiembre de 1999, políticos, policías, directores de seguridad, integrantes del Estado Mayor Presidencial y agentes de Ministerio Público fueron asesinados. Sus muertes fueron vinculadas con el asesinato del candidato presidencial, Luis Donaldo Colosio.

presidente, pero de nuevo la bruma opaco las investigaciones.

El error de diciembre es otra de las tragedias que no se pueden explicar durante la dictadura priista, ocurrida durante el gobierno de Ernesto Zedillo; este inocente desbalance originó alzas en las tasas de interés, el mayor declive económico de México registrado desde la Gran Depresión, con una caída de 6.2% en el PIB.

El vado de Aguas Blancas en el municipio de Coyuca de Benítez, Guerrero, vivió uno de los peores actos de violencia de México cuando agentes del agrupamiento motorizado de la policía guerrerense dispararon en contra de un grupo de miembros de la Organización Campesina de la Sierra del Sur (OCSS) que se dirigían a un mitin político, matando a 17 campesinos y dejando 23 heridos. De acuerdo con informes de la CNDH, las autoridades sabían que se realizaría el mitin y se dio aviso en el hospital regional para que estuvieran preparados para recibir heridos.

El 22 de diciembre de 1997 en el poblado de Acteal,[158] municipio de Chenalhó, Chiapas, un grupo armado, al parecer conformado por más de 100 personas, asesinó a 46 indígenas tzotziles, entre ellos 18 niños, 22 mujeres y 6 hombres.

Otra masacre de civiles comenzó como un zafarrancho para evitar que floricultores se instalaran en una calle del municipio de Atenco, para convertirse en uno de los con-

---

158 «Chiapas no faltará un solo día de mi vida: Cuando José Saramago conoció al EZLN». Cultura Colectiva, 17 de marzo, 2023, <https://culturacolectiva.com/letras/jose-saramago-chiapas-ezln-mexico/>. El premio Nobel de literatura, autor de Ensayo sobre la ceguera viajó a Chiapas, México, el 14 y 15 de marzo de 1998, tres meses después de la Matanza de Acteal ejecutada a manos de un grupo de paramilitares, en el contexto del levantamiento zapatista y la militarización de Chiapas.

flictos que marcó al gobierno de Enrique Peña Nieto al frente del Estado de México, cuando elementos de la Policía Federal Preventiva intervinieron, dando como resultado la muerte de dos personas, una de ellas menor de edad, 260 detenidos y 26 casos de mujeres que sufrieron abusos sexuales.

Existen más casos de gobernadores que utilizan los recursos públicos para suprimir de forma violenta a la ciudadanía, como lo fue en Puebla con Mario Marín, luego de que el 14 de febrero de 2006, el periódico La Jornada, diera a conocer una conversación entre él y Kamel Nacif, en la que el empresario textilero lo felicitaba por detener a la periodista Lydia Cacho en Cancún y después trasladarla a Puebla.

A mediados de mayo del 2006, integrantes del Sindicato Nacional de Trabajadores de la Educación (SNTE) reclamaron al gobernador de Oaxaca, Ulises Ruiz, un incremento salarial y una mejora en las instalaciones de las escuelas del estado, lo que llevó al gobernador priista a actos de represión.

Además de todas las anteriores, están las masacres de trabajadores ferrocarrileros, contra médicos internos y residentes, entre otras tantas que manchan la administración pública nacional y crean una imagen de recelo y medio hacia las autoridades.

A lo anterior se puede sumar la degradación moral del país en todos los aspectos de la vida social; misma que se incrementaba sexenio con sexenio y se veía reflejada en el narcotráfico, vinculado casi siempre con jefes policíacos y militares; un aumento en el número de homicidios contra periodistas, sacerdotes y luchadores sociales; las empresas paraestatales se vendieron a precios irrisorios a empresarios vinculados con el poder político; se vivía una impunidad y connivencias entre delincuentes y partidos políticos; se abandonaban las legítimas causas sociales y el combate a la pobreza; se exterminaban los ejidos, privatizaron las minas, el petróleo, la generación de energías, el gas natural; en fin, todo se convirtió en el mercado del PRI y sus líderes, por lo que crecieron los movimientos sociales, e incluso los armados, tales como los ejércitos Zapatista de Liberación Nacional (EZLN), Popular Revolucionario (EPR) y Revolucionario del Pueblo Insurgente (ERPI), Liberación Nacional (ELN), la Liga 23 de Septiembre, el Movimiento de Acción Revolucionaria (MAR) y el Partido Obrero Clandestino Unión del Pueblo (PROCUP); ante lo cual el gobierno solamente reaccionó con el uso de la fuerza, sin intentar siquiera corregir los motivos de su existencia.[159]

El Partido Acción Nacional, nacido como un instrumento social, al servicio del pueblo de México, crecía cada elección desde su fundación, a finales del siglo XX gobernaba para casi la mitad de la población, a pesar de tener únicamente unas cuantas gubernaturas, pero era evidente la alternancia del poder, por lo que el PRI recurrió a la compra y corrupción de los liderazgos, infiltraron las filas del otrora modelo de democracia a varios pillos y operadores políticos, les allegaron el financiamiento público, repartieron plazas y nombraron funcionarios a algunos panistas y además los jefes del partido aceptaron empresarios que aspiraban al

---

[159] «Movimientos guerrilleros en México». LaRed21, 11 de marzo, 2001, <https://www.lr21.com.uy/mundo/37939-movimientos-guerrilleros-en-mexico>.

y Rubén Aguilar, «La guerrilla en México, una historia no contada», *Animal político*, 18 de abril, 2021, <https://www. animalpolitico.com/lo-que-quiso-decir/la-guerrilla-en-mexico-una-historia-no-xontada/>. Las dos obras dan cuenta, de manera detallada y precisa, de 42 años de la historia de las organizaciones guerrilleras en México y a la par de la guerra sucia a cargo de los cuerpos de seguridad del Estado.

poder público, por último grupos de ultraderecha con tintes fascistas llenaron al PAN de sus miembros,[160] los cuales se ayudaron para desplazar a los verdaderos panistas históricamente formados en la doctrina social cristiana.

Después de una ardua lucha de 61 años por conquistar el poder, al que Gómez Morín se refería como brega de eternidades,[161] en las elecciones del año 2000, Fox alcanzó la presidencia de la república, lo que no se previó es que la selección de un candidato ajeno en filosofía, ideología y virtudes al propio instituto resultaría en un acto perjudicial para la credibilidad del partido, en palabras de Juan José Rodríguez Pratts, "El PAN fue magnánimo, heroico y generoso en su lucha por llegar al poder, pero no se puede decir lo mismo de su manera de ejercerlo. No se seleccionó a los hombres y mujeres con criterios de capacidad y eficiencia, no hubo un ataque frontal a la corrupción y el humanismo que tanto se pregonó fue soslayado. La incongruencia del contenido no se supera con el simple formalismo jurídico, sostuvieron los panistas. Lo urgente era —y sigue siendo— cerrar la brecha entre el México legal y el México real. A

---

160 «Muy pronto tendremos VOX México: diputada de Querétaro; "tiemblen progres", dice». *Milenio*, 6 de septiembre, 2021, <https://www.milenio.com/politica/muy-pronto-tendremos-vox-mexico-diputada-de-queretaro>. Diego Petersen, «El PAN y la extrema derecha», *Informador.mx*, 1 de julio, 2014, <https://www.informador.mx/Ideas/El-PAN-y-la-extrema-derecha-20140701-0184.html>.
El Yunque, grupo de extrema derecha que nació como una sociedad secreta, hace su aparición en el PAN, primero a través de la organización denominada Desarrollo Humano Integral Acción Ciudadana (DHIAC) y después como un grupo de interés político que tuvo mucha fuerza en Guanajuato, Puebla, Querétaro, Aguascalientes, Nuevo León y Jalisco.

161 "No olvidemos que nuestro deber es permanente, no lucha de un día, sino brega de eternidad"

algunos mexicanos les va bien mientras al país le va mal, pésima señal.". [162]

En los doce años que el PAN conservó el poder ejecutivo, los dislates de Fox[163] y las políticas de seguridad implantadas por Felipe Calderón, fueron un desastre generalizado; sumado a los oscuros negocios a los que se dedicaron Marta Sahagún y sus hijos al amparo de este poder,[164] fueron ampliamente conocidos y ante esto, nadie se atrevió a manifestar su indignación, ni siquiera a pedir que fueran más discretos; los enfrentamientos de la esposa del presidente contra los medios de comunicación o cualquiera que le molestase eran crecientes y altamente costosos para el país; por ejemplo, el conflicto y demandas contra la escritora Olga Wornat,[165] que si bien la autora perdió la denuncia por daño moral, años después cobró la afrenta, exhibiendo tanto a la

---

162 Juan José Rodríguez Prats, «Política de principios». *Excelsior*, <https://www.excelsior.com.mx/opinion/juan-jose-rodriguez-prats/2016/05/26/1094966>.

163 Bernardo Batiz, «El PAN y el Foro Democrático», *Hilodirecto*, 15 de enero, 2013, <http://hilodirecto.com.mx/el-pan-y-el-foro-democratico/>. Así lo expreso Bernardo Batiz; Con Vicente Fox, tontera, patetismo, falta total de principios y voluntad manejada por quien supiera halagarlo, no era dable esperar nada y nada dio; con él y después de él, México siguió en manos de mafias y caciques y su paso por el poder sólo le sirvió para salir de sus problemas existenciales y económicos.

164 «Oceanografía, los hijos de Marta y sus contratos con Pemex... ¿qué investigaron los diputados?», *Aristegui Noticias*, 3 de marzo, 2014, <https://aristeguinoticias.com/0303/mexico/oceanografia-los-hijos-de-marta-y-sus-contratos-con-pemex-que-investigaron-los-diputados/>.
La comisión que investigó el caso —la cual, a la postre, quedó diluida—, estableció en 2006 que "existen elementos suficientes contra los hermanos Bribiesca por delitos de tráfico de influencias, información privilegiada, dudoso origen de los recursos económicos empleados y delitos fiscales".

165 Olga Wornat, *Felipe, el oscuro: Secretos, Intrigas y Traiciones del Sexenio Más Sangriento de México*, (México: Editorial Planeta, 2020).

pareja presidencial, como a Felipe Calderón por la protección que brindaron al criminal Genaro García Luna.

Con motivo de la Cumbre Extraordinaria de Las Américas en la ciudad de Monterrey, Vicente Fox, provocó una situación desagradable con el entonces presidente de Cuba Fidel Castro, pues le indicó a su homónimo que después de la comida se retirara para no molestar al presidente de EUA, creando una frase por la que sería recordado internacionalmente "comes y te vas";[166] no siendo suficiente demostró un corte de pensamiento retrograda al señalar que "en el 75% de los hogares en México tienen una lavadora, y no de dos patas, tienen de esas de metal.".[167]

El sexenio de Felipe Calderón es recordado porque impulso algunas de las tesis doctrinarias del PAN, sin embargo, es imposible dejar de pensar en su errático combate a la delincuencia organizada, las muertes, desapariciones forzadas, además de haber sostenido, impulsado y catapultado al criminal Genaro García Luna, quien espera sentencia en Estados Unidos, [168] en

---

166 «Comes y te vas, la anécdota entre Vicente Fox con Fidel Castro», *CNN Latinoamérica,* 26 de noviembre, 2016, <https://cnnespanol.cnn.com/2016/11/26/comes-y-te-vas-la-anectoda-entre-vicente-fox-con-fidel-castro/>.

167 Ana Lozano, «Frases y lemas de políticos que no debemos olvidar», *Sdpnoticias,* 13 de septiembre, 2017, <https://www.sdpnoticias.com/columnas/politicos-frases-lemas.html>.

168 «¿Qué hizo Genaro García Luna? Los delitos de lo que es declarado culpable», *Expansión política,* 21 de febrero, 2023, <https://politica.expansion.mx/mexico/2019/12/10/conspiracion-para-distribuir-cocaina-uno-de-los-delitos-contra-garcia-luna>. El exsecretario de Seguridad Genaro García Luna está en la mira de las autoridades de Estados Unidos, donde fue detenido en Dallas, Texas. La Fiscalía federal para el Distrito Este de Nueva York acusa al exfuncionario de cuatro delitos: tres por conspiración y tráfico de drogas y una por falsear declaraciones.

tanto la Fiscalía General de la República en México, ha levantado cargos por otros delitos.[169]

Sumando a ello, la tragedia de la Guardería ABC, cuya responsabilidad debería recaer en el entonces titular del Instituto Mexicano del Seguro Social y los funcionarios responsables de otorgar permisos para guarderías en un lugar inadecuado y peligroso, ya que, en dicho lugar murieron por quemaduras 49 niños y resultaron con diversas lesiones, al menos otros cien infantes,[170] lo cual resultó en una vergüenza nacional.

El segundo intento de democratizar al PRI fue encabezado por Cuauhtémoc Cárdenas, pero fue impedida por Miguel de la Madrid, quien como regla no escrita en este partido, eligió a su sucesor, ante lo cual, el ingeniero y otros militantes dejaron el partido, entre ellos sobresalía la reconocida política, economista, catedrática y diplomática mexicana, Ifigenia Martínez.

En el año 1988 el hijo del general Lázaro Cárdenas contendió por la presidencia y pese a que apuntaba a que él sería el ganador, el PRI hizo un gran fraude electoral y se le concedió el triunfo a Salinas de Gortari; las diversas fuerzas políticas que apoyaron la candidatura del ingeniero se sumaron para que al año siguiente naciera el Partido de la Revolución Democrática (PRD), producto de la fusión del Partido Mexicano Socialista, el Partido Mexicano de los

---

[169] EFE, «Genaro García Luna, con 3 órdenes de detención; estos son los delitos que se le imputan», *Altonivel*, 17 de juni, 2022, <https://www.altonivel.com.mx/actualidad/genaro-garcia-luna-con-3-ordenes-de-detencion-estos-son-los-delitos-que-se-le-imputan/>.

[170] «Relatives of 49 children killed in Mexico day care fire demand justice a year later», *Fox News*, 5 de junio. 2010, <https://www.foxnews.com/world/relatives-of-49-children-killed-in-mexico-day-care-fire-demand-justice-a-year-later>.

Trabajadores, el Partido Socialista Unificado de México, el Partido Patriótico Revolucionario, el Movimiento Revolucionario del Pueblo, la Unión de la Izquierda Comunista y el Partido Socialista de los Trabajadores.

Aunque el primer presidente y considerado fundador es un expriista, esta nueva agrupación política se considera en su creación como de centroizquierda, con una clara visión nacionalista, entre sus fundadores se encontraban Ifigenia Martínez, Andrés Manuel López Obrador, Heberto Castillo, Gilberto Rincón Gallardo, Amalia García y muchos más; quienes fueron perseguidos durante el sexenio de Salinas de Gortari y se afirma que hizo *desaparecer* a 500 miembros de este instituto político, como venganza personal por los cuestionamientos hacia su ilegítima presidencia.

En los siguientes años el PRD logró algunos triunfos electorales en Michoacán, Tlaxcala, Baja California Sur, Zacatecas, Guerrero, Chiapas y la llamada *joya de la corona*, la Ciudad de México en 1997, en donde resultó ganador el ingeniero Cárdenas, cabe señalar que en el declive de este partido, ya no poseía ninguna gubernatura y pasó de ser el segundo grupo parlamentario en el senado, a convertirse en el octavo de ocho partidos políticos,[171] sin contar que también es más numeroso el denominado grupo independiente con 4 senadores.

En tanto en la Cámara de diputados tienen tan sólo 15 de los 500 curules, ocupando también el último lugar,[172] este desprestigiado y agónico instituto ha decidido conservar a cualquier precio su registro ante el INE, motivo por el cual ha modificado drásticamente su ideología, convirtiéndose en una derecha ramplona y un saltimbanqui del circo polí-

---

171 Por Grupo Parlamentario, <https://www.senado.gob.mx/64/senadores/por_grupo_parlamentario>.

172 Listado de Diputados por Grupo Parlamentario, <http://sitl.diputados.gob.mx/LXV_leg/listado_diputados_gpnp.php?tipot=TOTAL>.

tico nacional, que apoya a los partidos a los que alguna vez se opuso y a los empresarios denunciados por prácticas que violan los derechos de los trabajadores.

La historia ha demostrado que en la extrema derecha no existe una vocación democrática real, pues esta es incompatible con los intereses de la plutocracia, la cual, en esencia es contraria a la idea del estado benefactor, si la peor expresión del PRI, PAN y un partido de izquierdas que en su agonía está dispuesto a perder decencia y dignidad, se suman a las propuestas de empresarios voraces, enemigos de todo lo que signifique libertad y oportunidades, con el apoyo del clero jerárquico, pretenden ganar la titularidad del poder ejecutivo, es momento de hacer un análisis de la realidad, introspección y críticas sobre a quién pondrían a gobernar y sobre todo, cuáles serían las consecuencias de otorgarle el poder ejecutivo a un grupo neofascista.

Tanto panistas como priistas, invocan hoy la libertad de expresión e insisten en que la democracia es el requisito para tenerla, pero jamás lo hicieron cuando detentaron el poder, es más, con las administraciones del PRI la actividad más peligrosa fue el periodismo, por lo cual, es un falso discurso y una estrategia para hacernos creer que verdaderamente existirán las libertades de pensamiento, de creencias, de auto determinación y otras.

Esta cultura política que apela a los valores de la democracia como mera estrategia formal para tomar el poder e instaurar un nuevo orden estuvo muy expandida en la década de los años treinta, tanto en la derecha como en la izquierda, con la diferencia que unos buscaban imponer la dictadura del proletariado y los otros una autocracia y el control de la población.

Hay que recordar los debates en que la derecha reclamaba a los simpatizantes de izquierda su oprobioso pasado marxista, autoritario y sectario, en el que, sin duda, cometieron innumerables errores, pero los grupos de derecha denostaban lo mismo a los intelectuales, judíos, masones, juaristas, cardenistas, feministas (a las que denominaban feminazis) y sus peores insultos para las características raciales de los grupos vulnerables.

Actualmente la gran mayoría de la izquierda mexicana defiende la vía democrática y los derechos democráticos, el PAN ha tenido grandes oportunidades de dar un golpe de timón y corregir el rumbo, uno de los más recientes lo constituyó la creación al seno del propio partido del Foro Doctrinario y Democrático, coordinado entre otros por el abogado José González Torres, ex presidente nacional del PAN y ex candidato a la presidencia de la república, quien se hizo acompañar de Pablo Emilio Madero, también presidente del partido y candidato a la presidencia, Jesús González Schmal, Bernardo Bátiz Vázquez, Jorge Eugenio Ortiz Gallegos.

La carta de motivos de la salida de ellos del partido en el que habían militado durante varias décadas fue contundente e incluía los siguientes puntos:

> 1. Echamos en cara a los dirigentes de entonces que el partido iniciaba con ellos una etapa que está hoy culmina, de pragmatismo y simbiosis con el sistema, 2. que adoptaban prácticas contrarias a los principios; 3. les reclamamos su apoyo a la política gubernamental, 4. la injerencia de los empresarios en el partido, imponiendo sus intereses sectoriales, 5. reclamamos el burocratismo que lo invadía y el autoritarismo con que se trataba a los disidentes. Demostraron con hecho sus reclamos, los que señalaron y eran; *que los legisladores y dirigentes panistas apoyaron al gobierno de Carlos Salinas en la reforma electoral que dio al PRI la ventaja de la cláusula de gobernabilidad*, que *votaron ciegamente en favor de la privatización de la banca*, a pesar de la oposición de muchos militantes, *que aprobaron la quema de los paquetes electorales*, que *dieron su visto bueno a la contrarreforma agraria que*

> *modificó el artículo 27 constitucional* y, el colmo, *apuntalaron y aplaudieron el Tratado de Libre Comercio de América del Norte, que fue una entrega incondicional de nuestro país a la economía y a la política de Estados Unidos.* [173]

A lo largo de su historia, Acción Nacional atrajo a ciudadanos que creían en los valores de la democracia, entre ellos, los fundadores del Foro Doctrinario y Democrático, esta estrategia, ahora como mera fachada, sigue viva en el PAN, con ella se explica el caso de *los amigos de Fox* en el año 2000, los fraudes electorales y las redes clientelares que el PAN se disputa con el PRI desde el año 2013; la promesa democrática como medio para imponer una visión autoritaria, tradicionalista y clerical; el discurso humanista que encubre la disposición a sacrificar a miles de personas por un fin superior, ya sea acabar con el comunismo, el populismo o las drogas; así como el recurso de convertir el odio a un enemigo en una causa sagrada, llámese Stalin, Cárdenas, Lombardo Toledano, Sheinbaum o López Obrador; sumado a la idea de que hay grupos humanos inferiores que no tienen derecho alguno, ya sean judíos, chinos, nacos o delincuentes y la disposición a someterse a las lógicas de un imperio llámese el Tercer Reich o Washington; componen el debate frente a la derechización del PRI y el neofascismo del PAN.

Podemos preguntarnos ¿qué podemos esperar de estos grupos políticos? nada mejor de lo que es el fanatismo, atraso, hipocresía y crueldad; la autocrítica debería de comenzar por una revisión del pasado de cada partido, en ocasiones simpatizante del nazismo.

---

[173] Bernardo Batiz Vazquez, «El Foro Democrático y el PAN», *El periódico de México*, 14 de enero, 2013, <https://elperiodicodemexico.com/nota.php?id= 651179>.

El acreditado politólogo Jesús Silva Herzog Márquez, publicó un artículo al cual denominó "Importar fascismo" en diversos periódicos,[174] con motivo de la celebración de la cumbre de la ultraderecha norteamericana, conocida en español como la Conferencia de Acción Política Conservadora, que se celebra desde mediados de los años setenta y que según relata el mismo autor, es el foro del conservadurismo de aquel país, la CPAC se ha convertido en sede de la extrema derecha mundial, un desfile que hermana a los populismos nacionalistas de todos los rincones.

Hace unos meses en esa feria, se convirtió a Viktor Orban, el primer ministro de Hungría en el guía de la Internacional Populista, admiran en él, al eficaz destructor del orden liberal, al político popular que ha desmantelado, una tras otra, las precauciones institucionales, levantando un régimen autoritario y nacionalista. También aplauden y hacen apología de Donald Trump, Bolsonaro, Le Pen, Santiago Abascal y Georgia Meloni, en tanto la incompetencia del populismo británico ha pasado factura y no avanza la francesa, sólo en Italia hay buenas noticias para la extrema derecha, una cuerda común es el odio al liberalismo democrático.

Señala Silva Herzog:

> No deja de ser perturbadora la inserción de esta derecha mexicana a la corriente internacional. Se invita a Trump y se le vitorea como si el presidente que fue dos veces proce-

---

174 Jesús Silva Herzog, «Importar fascismo», Am, 21 de noviembre, 2022, <https://www.am.com.mx/opinion/ 2022/11/21/importar-fascismo-634726.html>.
Jesús Silva Herzog Márquez, «Importar fascismo», *Pulso. Diario de San Luis*, 21 de noviembre, 2022, <https://pulsoslp.com.mx/opinion/importar-fascismo/1577143>. Jesús Silva Herzog, «Importar fascismo», *El Siglo de Torreón*, 21 de noviembre, 2022, <https://www.elsiglodetorreon.com.mx/noticia/2022/importar-fascismo.html>.

> sado por violaciones a la constitución, el golpista que sigue sin reconocer el veredicto democrático fuera un guadalupano fervoroso. Me sorprende cómo se admira a quien nos escupe (sic). Lo que no puedo entender es que un grupo de católicos consideren a ese sujeto detestable como modelo político. Los trumpistas mexicanos hacen suyo el odio a México. Convertir a Trump en guía político es autodenigración.
>
> No extraña que el extremismo reaccionario vea al socialismo y al liberalismo como enemigos de la tradición y de la identidad. Los liberales y los socialistas, se dijo en la feria ultraconservadora de Santa Fe, quieren destruir lo más sagrado: la vida, la familia, al ser humano. Pero aparece ahora una derecha que no parece actualización del viejo conservadurismo católico sino importación de la política del espectáculo y la provocación. Suscribe todas las conspiraciones; da foro a quienes rechazan la legitimidad democrática; alaba a los golpistas de antes y a los de ahora; emplea las tecnologías que difunden la mentira; entiende la política como una guerra de cultura.
>
> Este populismo conservador que aparece en México de la mano del trumpismo es una novedad histórica. El viejo conservadurismo era tan enemigo de la amenaza del comunismo internacional como del peligro de la contaminación yanqui. En ambos veía fuerzas descatolizantes. Dos amenazas a la raíz profunda de México, desnaturalizaciones a la que había que oponerse ferozmente. Alabar a Donald Trump, a Steve Bannon o a la familia Bolsonaro representa un cambio profundo para la derecha mexicana; un fascismo importado.[175]

Sobre la misma organización de ultraderecha estadounidense también se han expresado otros destacados periodistas, uno de ellos, Álvaro Delgado, quien fue uno de los primeros en desenmascarar a la sociedad secreta conocida

---

175 *Ídem.*

como el Yunque, expresó con gran preocupación el intento del infame Steve Bannon de expandir su sociedad a Europa y Latinoamérica.

Cabe mencionar que este consejo del presidente del país vecino es un estratega político, exbanquero de inversiones y un allegado del ex presidente Donald Trump; destaca su apoyo a movimientos de derecho y ultraderecha en diversas latitudes,[176] sumado a que junto al artista Eduardo Verástegui, anunció la creación de un partido real de derecha, en virtud de que el PAN no lo es, sino un remedo de un verdadero partido conservador, ya que, no tiene marcados sus objetivos en contra del aborto, los matrimonios homoparentales, la defensa de la familia natural y otros temas sensibles para el neofascismo.

---

176 Álvaro Delgado Gómez, «Las ligas de René Bolio van a El Yunque, Zavala, Gómez del Campo y, claro, al PAN», *Sinembargo.mx*, 14 de julio, 2021, <https://www.sinembargo.mx/14-07-2021/4001015>.

VI. LA DERECHIZACIÓN DE LA POLÍTICA Y LA PÉRDIDA DEL NACIONALISMO REVOLUCIONARIO COMO IDENTIDAD

> De los políticos transformistas: ¡Cuídense de ellos! ¡Del mimetismo político, de las metamorfosis conforme soplan los vientos, no importa bajo qué signo ideológico se den las acrobacias! ¡Son aquellos hombres que a los distintos grupos les ofrecen seguir diversos y contrapuestos programas, diversas y antitéticas ideas!
>
> Jesús Reyes Heroles

El final de la revolución mexicana acaecido el 5 de febrero de 1917, con la promulgación de la constitución en Querétaro, lamentablemente no marcó el fin de las hostilidades entre los diversos grupos y personajes que tomaron parte en esta guerra, ya que, muchos de estos personajes no quedaron satisfechos, ni con quien ocupó la presidencia o las secretarías de estado, en general, las primeras posiciones en la administración pública; motivo por el cual, se mantuvieron en rebeldía.

La plutocracia también estaba insatisfecha, ya que, estimaron que los cambios constitucionales afectaban sus intereses, aunque quizás influía en ellos la historia del porfiriato, etapa en la cual habían sido beneficiados con políticas laborales, el pago de bajos salarios, los abusos en contra de los grupos vulnerables, la posesión de inmensos latifundios, la existencia de las tiendas de raya, la enseñanza casi exclusiva para las familias pudientes y todos los placeres y servicios que tuvieran la posibilidad de comprarse.

La iglesia que había recuperado un gran número de concesiones y derechos con Porfirio Díaz, se opuso terminantemente a muchos de los cambios reales y otros fantasmas sociales, por lo que se sumó al grupo de rechazo, junto con los terratenientes y empresarios extranjeros, especialmente los dedicados a la minería y bancos, lo que provocó muchos años más de incertidumbre y violencia.

Las venganzas, rencores y temores fueron saliendo a flote con el paso de los años, como el 10 de abril de 1919, con el asesinato de Emiliano Zapata[177] general en jefe del ejército libertador del sur, a pesar de que ya había fundado el Partido Agrarista Nacional, del cual era el presidente, e iniciaba el nuevo proyecto, de llegar al poder a través de las urnas, lo que no importó a los denominados constitucionalistas, quienes ordenaron su muerte.

Al respecto el historiador Pedro Castro[178] comete un error histórico al señalar que la creación del partido agrarista es obra del intelectual, periodista y escritor Antonio Díaz Soto y Gama, asesor y colaborador de Zapata, ya que, en realidad, fue el mismo Zapata quien fue el primer presidente de dicho instituto político, desde el año de 1919, en tanto Díaz Soto fue secretario general hasta el asesinato del caudillo perpetrado en la hacienda de Chinameca.

La violencia entre los grupos políticos continúo hasta segunda y tercera década del siglo pasado, cuando el 20 de julio de 1923, el general Francisco Villa, quien ya había dejado las armas, salió de su casa para encontrarse con un

---

177 «10 de abril de 1919, Asesinato de Emiliano Zapata», Secretaría de la Defensa Nacional, 1 de abril, 2019, <https://www.gob.mx/sedena/documentos/10-de-abril-de-1919-fallece-emiliano-zapata>.

178 Pedro Castro, «Antonio Díaz Soto, agrarista», *Revista Polis*, vol. 18, núm. 2, julio-diciembre (2022): 257-82. <https://polismexico.izt.uam.mx/index.php/rp/article/view/535/531>.

ingeniero estadounidense, mientras circulaba en Parral, fue emboscado por un grupo de sicarios fuertemente armados, él mismo recibió decenas de balas que lo mataron al instante, de los autores intelectuales del magnicidio, se ocultaron sus nombres, aunque hoy se atribuye principalmente a Álvaro Obregón[179] quien se dice temía que Villa volviera a tomar el camino de la rebelión.

Como reza el refrán *el que a hierro mata, a hierro muere,* llegó a Álvaro Obregón[180] la suerte a la que había sometido a los caudillos, cuando murió a causa de las complicaciones provocadas por el atentado del 17 de julio de 1928, unas semanas después de haber ganado las elecciones para presidente de la república, cargo que había desempeñado de 1920 a 1924, el autor material fue el joven cristero José de León Toral; es preciso señalar que el presidente Calles había hecho una reforma constitucional que permitió la eventual reelección de Obregón.

Las traiciones y golpes de estado se volvieron parte de la cotidianeidad en México, aun y cuando se realizaban elecciones creíbles en resultados, muchos de los grupos que se consideraban relegados del acceso al poder se atacaban, no tan sólo verbalmente, sino con el uso de armas, durante el

---

179 Rodrigo Ayala, «Así fue la muerte de Pancho Villa, el héroe revolucionario al que acribillaron por sorpresa», Muy interesante, 20 de julio, 2022. <https://www.muyinteresante.com.mx/historia/1156.html>. Otras fuentes atribuyen el crimen a la petición del gobierno de los Estados Unidos, quien todavía guardaba resentimiento por la invasión que el mexicano hizo a Texas, a cambio del reconocimiento de los gobiernos emanados de la Revolución, en ésta se dice que participaron Álvaro Obregón y Plutarco Elías Calles, quienes encargaron el crimen a Jesús Salas Barraza, un diputado local y su cómplice Melitón Lozoya.

180 Marcelo Néstor Musa, «Álvaro Obregón», Enciclopedia de Historia, 2022, <https://www.enciclopediadehistoria.com/alvaro-obregon/>.

mandato de Plutarco vendría una segunda guerra civil en México.

La torpe e inexplicable decisión de Plutarco Elías Calles de expedir una ley que prohibía la libertad de cultos el 14 de julio de 1926, lo que llevó a que en pocos meses se suscitaran levantamientos espontáneos en varios estados de la república, sobresaliendo Jalisco, Michoacán San Luis Potosí, Guanajuato, Zacatecas y Aguascalientes.

En poco tiempo el ejército federal fue incapaz de controlar los legítimos reclamos sociales, ante lo que el gobierno únicamente respondía con violencia, en un principio parecía que el ejército aplastaría con facilidad los levantamientos civiles, ya que se trataba de personas sin formación militar, aún y cuando se repetían en varios estados, estaban inconexos entre ellos, pero pronto esto cambiaría cuando los líderes en Jalisco decidieron *contratar* a un verdadero general para que condujera a los levantados, es así que, el ex general del ejército nacional Enrique José Gorostieta Velarde entro en esta guerra civil.

Gorostieta había sido parte activa de la rebelión de Victoriano de la Huerta, dejando la carrera militar y aunque diversos autores afirman que él ni siquiera era católico[181] aceptó conducir al ejército que más tarde denominarían cristeros; para él, era incorrecta una ley que vulneraba los derechos humanos relativos a creencias, convicciones y hasta objeciones, por lo que, con una paga de 3,000 mensuales inició la conducción militar de los cristeros, lo que representó en poco tiempo el continuo avance y triunfos de un grupo formado por campesinos, obreros, profesionistas, ar-

---

181 Jim Tuck, «The anti-clerical who led a catholic rebellion», <https://www.latinamericanstudies.org/mexico/gorostieta.htm>.

tesanos, sacerdotes y unos pocos ex militantes de los ejércitos revolucionarios.

Dos condiciones propiciaron el cumplimiento de la tarea de Gorostieta, el primero de ellos fue la poca motivación del ejército federal, aunada al hecho de que un gran porcentaje de la soldadesca eran católicos, por otro lado, el gobierno nunca contempló la participación tan activa de las mujeres, a pesar del rol que ya habían tenido en otros momentos en México, como en la guerra de independencia y las *adelitas* en la revolución.

Según Guillemette Lestang, las mujeres en la cristiada tuvieron una importancia fundamental, eran las principales promotoras de las manifestaciones en contra de la ley Calles, llevaban información confidencial a los militantes del ejército cristero, conseguían recursos económicos para la compra de armas, municiones, alimentos y otros recursos indispensables, las brigadas *Santa Juana de Arco*, mantuvieron trabajando las tierras de cultivo, descuidadas por los hombres incorporados a la brega en defensa de la religión, ayudaban a viudas y mujeres solas en el cuidado de sus hijos e, incluso, hacían labores de espionaje con las tropas federales, el número de mujeres que participaron en la gesta contra la absurda ley publicada por Calles, se estima según Lestang en 25,000 brigadistas. [182]

La idea de la creación de un partido político que aglutinara a todas las fuerzas y liderazgos nacionales, estatales y locales del país, correspondió en primerísimo lugar al notable diplomático, empresario y político estadounidense Dwi-

---

182 Guillemette Lestang, «Cristiada: El papel de las mujeres en la guerra cristera». Que no te la cuenten... la falsificación de la realidad, 27 de junio, 2014, <https://www.quenotelacuenten.org/2014/06/27/cristiada-el-papel-de-las-mujeres-en-la-guerra-cristera/>.

ght Morrow,[183] quien como embajador de EUA en México, se convirtió en amigo personal de al menos dos presidentes, Plutarco Elías Calles y el Emilio Portes Gil, al primero le ayudó a formar al que una vez fue el partido hegemónico, el Partido Revolucionario Institucional, el cual gobernó al país por más de setenta años, tiempo durante el que mantuvo con una sola excepción entre 1997 al 2000, el control del Congreso de la Unión, con una mayoría absoluta tanto en la Cámara de diputados como la de senadores, las cuales mantuvieron una férrea, casi servil disciplina a la voluntad del presidente en turno, lo cual explica las modificaciones y cambios constitucionales, a pesar de que contamos con una constitución rígida.

Para la gran mayoría de la población es un referente, casi un cliché, describir y referirse a dicho instituto político, como la fuente de la corrupción, la impunidad, el abuso y mal uso de los recursos financieros de la nación; sin em-

---

183 Doralicia Carmona Dávila, «Dwight Whitney Morrow», Memoria Política de México, 2023, <http://www.memoriapoliticademexico.org/Biografias /MDW73.html>.
Dwight Whitney Morrow, abogado, empresario, político y diplomático estadounidense que fue enviado a México como embajador, en nuestro país, logró establecer una estrecha relación con el presidente Calles, que lo llevó a convertirse en su amigo y consejero persona, Morrow atendió los problemas de la deuda mexicana, fue menos duro con el gobierno mexicano porque consideró que resultaba contraproducente exigir el pago si no había capacidad para hacerlo, que lo que había que hacer era aumentar la capacidad de pago de la deuda; al efecto, se tomaron varias medidas, entre ellas restablecer el funcionamiento normal de la economía y reducir drásticamente los gastos, especialmente, los militares. El 5 de junio de 1929, en San Luis Missouri, Morrow hizo enganchar su vagón al tren en el que viajaban Monseñor Leopoldo Ruiz y Flores, arzobispo de Michoacán y delegado apostólico y Monseñor Pascual Díaz, obispo de Tabasco, y durante el trayecto hasta la frontera mexicana estuvieron los tres preparando la negociación de paz, la que se firmó el 21 de junio.

bargo nosotros estimamos de obligatoria y ética responsabilidad, mencionar que este partido tuvo momentos, personajes y políticas públicas que hacen inteligible su larga permanencia en el poder, sin pretender obviar los trágicos episodios en su historia y los hechos que los llevaron a convertirse en las últimas dos décadas en la mermada y débil fuerza política nacional, superada en importancia y cargos de elección popular, por al menos tres partidos Morena, Acción Nacional y Movimiento Ciudadano.

Desde la fundación del Partido Nacional Revolucionario en 1929, durante el periodo del Lic. Portes Gil, cuando ya había logrado la pacificación del país, ayudado por el embajador Morrow y el alto clero mexicano, se vieron las primeras posibilidades reales de estabilizar y armonizar la vida nacional, respetando a los partidos de oposición que ya existían.

Debe destacarse que las elites y dirigentes del PRI, tuvieron en general, la habilidad para comprender las necesidades y el sentimiento popular, así como integrar en su acción, como regla no escrita, un pragmatismo, que con diversas modalidades se convirtió en la guía de las diferentes corrientes internas que pusieron al servicio del poder gobernante.

Concluido el periodo conocido como el Maximato, tras tres periodos presidenciales, de dos años cada uno, primero el de Emilio Portes Gil, quien tuvo como principal éxito, la conclusión de la cristiada y el establecimiento de acuerdos para la paz, con el clero mexicano y la nunciatura apostólica, siguió la presidencia de Pascual Ortiz Rubio,[184] en cuyo

---

184 Enrique Krauze, «José Vasconcelos, la grandeza del caudillo», Letras libres, 31 de diciembre, 2000, <https://letraslibres.com/revista-mexico/jose-vasconcelos-la-grandeza-del-caudillo/>. Fue en las elecciones presidenciales de 1929, en la que contendieron Ortiz Rubio y el in-

mandato se redactó la Doctrina Estrada,[185] se publicó la Ley Federal del Trabajo y la Ley Penal, además de que nuestro país ingresó a la Liga de las Naciones, convertida hoy en la Organización de las Naciones Unidas, por último, tras la renuncia de Ortiz Rubio, le sucedió Abelardo L. Rodríguez,[186] quien logró ampliar la red carretera, promulgó la Ley de nacionalización y naturalización, el Código sanitario y la Ley orgánica de los tribunales federales, se estableció el salario mínimo para los obreros, reformó la Ley de patrimonio ejidal y elaboró la Ley orgánica de la Universidad Autónoma de México, sobresale en este periodo el control total de cambios que se adjudicó al Banco de México.

En el año de 1934 inicia la presidencia del general Lázaro Cárdenas del Río,[187] tanto él, como un gran número de los

---

telectual José Vasconcelos, primer Secretario de Educación Pública, filósofo, escritor, revolucionario, rector de la Universidad Nacional de México, en la que por primera vez en el México posrevolucionario, hubo sospechas de fraude electoral. Krauze dice: Es una lástima que la decepción en verdad cósmica que le causó la dudosa victoria de su contrincante haya acentuado en él una vertiente intelectual de intolerancia, prejuicio y esquematismo ideológico que con el tiempo lo llevaría a abrazar causas radicalmente enemigas de la democracia.

185 Alfonso De Rosenzweig-Diaz, «La política internacional de México», *Universidad de México,* vol. XIII, núm. 3, noviembre (1958). México contribuyó con esta doctrina a la estructuración jurídica del sistema político internacional. Dos son las reglas fundamentales que, suprimido el recurso a la fuerza, deben constituir el pivote de la actividad internacional: solución pacífica de las controversias y no intervención en los asuntos internos de otros Estados.

186 «Abelardo L. Rodríguez, ¿quién fue y qué hizo?», México desconocido, 2023, <https://www.mexicodesconocido.com.mx/abelardo-l-rodriguez.html>. Manuel de Jesús Sortillón Valenzuela, «El General Don Abelardo Rodríguez Luján», Historia de Hermosillo. <http://www.historiadehermosillo.com/htdocs/ARTICULOS/alrf.htm>.

187 «Quién fue Lázaro Cárdenas y cuáles fueron sus aportaciones», Cultura Colectiva, 17 de marzo, 2023, <https://culturacolectiva.com/historia/quien-fue-lazaro-cardenas-y-cuales-fueron-sus-aportaciones>.

miembros de su gabinete, fueron capaces de ver más allá de su tiempo, sin importar las quejas, denuestos y ataques de opositores y de sus propios correligionarios, tomaron la decisión de hacer los cambios en las políticas sociales que urgían para los ciudadanos más pobres, lo que los llevó a tomar acciones fuertes, categóricas e incluso de confrontaciones.

El primero de ellos, que le permitió afianzar el poder presidencial, fue desterrar al ex presidente Calles,[188] para iniciar un proceso de democratización de su partido, lo que obligaría a la continua regeneración de sus militantes, los cuales, estaban integrados por variados grupos clientelares, se trataba de las distintas facciones que gobernaron al país después del conflicto revolucionario, entre ellos se encontraban contentos por la distribución de los lugares en el congreso, las gubernaturas, las presidencia municipales, los cargos en las secretarías de estado y la jugosa repartición del poder judicial, que actuaba a favor del ejecutivo, sin vergüenza, límites o con una mínima dignidad, ya que, era otro botín del gobierno emanado no de la democracia, sino de los acuerdos revolucionarios.

Cárdenas redujo el presidencialismo y dio mayor fuerza a sindicatos y liderazgos sociales, en una transición pacífica, obligó a escuchar las demandas y necesidades de la población; este sistema de gobierno se fortaleció durante los siguientes sexenios, promovió la militancia de los gobernadores en el partido, fortaleció la retórica nacional revolucionaria, sin importar si se a la izquierda o a la derecha, siguiendo el pragmatismo político que tan útil les fue durante muchas décadas.

---

188 Doralicia Carmona Dávila, «Cárdenas expulsa a Calles del país por su intervención constante en la dirección de la política nacional. Abril 10 de 1936», Memoria Política de México, 2023, <http://www.memoriapoliticademexico.org/Efemerides/ 4/10041936.html>.

El PRI fue capaz de eliminar, contener e incluso institucionalizar los diferentes radicalismos que surgieron durante el siglo XX, se valoró su incuestionable presidencialismo que en ocasiones contó con poderes meta constitucionales, construyó un mito que después se hizo creíble para amplios sectores sociales, hasta el sexenio de Luis Echeverría, en el cual, el estado mexicano se sostenía como una ideología nacionalista revolucionaria;[189] en realidad se trataba de la denominada dictadura perfecta.

Coincidimos en que el general Cárdenas ha sido el mejor presidente del siglo XX, las obras y políticas que desarrolló fueron las bases para lo que más tarde se llamaría el milagro mexicano, entre estas destacan la creación de importantes instituciones educativas y culturales como el Instituto Politécnico Nacional, la Escuela Nacional de Educación Física, el Instituto Nacional de Antropología e Historia, el Museo Nacional de Historia, el Instituto Hispano Mexicano, hoy Colegio de México; la nacionalización del servicio de ferro-

---

189 Rogelio Hernández Rodríguez, «La persistencia de una idea: el nacionalismo revolucionario. Del PRI a López Obrador», Foro internacional, 4 de enero, 2020, <https://forointernacional.colmex.mx/index.php/fi/article/view/2732/2647>.
El término nacionalismo revolucionario apareció desde la creación del hoy PRI, en un principio estuvo ligada a la lucha de clases, a la preminencia de los obreros y, campesinos, pero paulatinamente se fue modificando y adecuando a los diversos sexenios, para este autor la mejor definición se atribuye al creador del Partido Popular Socialista, quien señala: la nación mexicana es el resultado de las luchas del pueblo por liberarse de la opresión y explotación colonial, conservadora y de los hacendados porfiristas, que se logró en tres movimientos históricos: Independencia, Reforma y Revolución. Estos movimientos no responden a circunstancias específicas o a condicionamientos determinados, sino a una especie de motivo común del pueblo que busca su libertad, autonomía y mejoramiento social. Escribió además que en especial aportó, la justicia social lograda con la Revolución.

carriles, con lo que el gobierno pudo tener el control de las redes ferroviarias y crear una red mucho más amplia que comunicó al país entero mediante la compañía llamada Ferrocarriles Nacionales de México, misma que sería vendida tiempo después.

Durante el mismo periodo, hubo un auge en la construcción organizada y sistemática de nuevas carreteras y caminos, lo que impulsó el comercio y modernizó a la nación; la expropiación petrolera fue trascendente para la explotación de combustibles de forma exclusiva para la nación; además de que, se convirtió en la bandera del PRI y una especie de icono de la revolución mexicana, su eventual privatización era una osadía imperdonable, una ofensa a la nación, que el propio partido, al igual que con los ferrocarriles nacionales realizaría en el sexenio de Peña Nieto, con el apoyo de su antiguo opositor, convertido en socio y cómplice, el PAN.

La consolidación de la reforma agraria y repartición de las tierras entre los campesinos mexicanos, significó un acierto digno de reconocimiento de la sociedad mexicana, así como las críticas, enemistad y odio de la plutocracia, que hasta la fecha se manifiestan como antagonistas a lo que llaman una política bolchevique.

Cárdenas logró una leve mejoría en la vida de los campesinos y aún más trascendente el aumento en la autosuficiencia alimentaria, con esto se daba respuesta a la reforma propuesta por Emiliano Zapata, secundada por el Partido Nacional Agrario, creado por el caudillo y el Antonio Díaz Soto y Gama en 1919, el cual, tuvo vigencia hasta el sexenio de Carlos Salinas, que propuso la contra reforma al cardenismo.

En 1939 comienza la democratización de la política mexicana, con el surgimiento del partido que se constituiría como una fuerza opositora al régimen priista, lo que lo llevó a abandonar sus principios y doctrina, para convertirse en un peón del presidencialismo mexicano, luego socio y ahora quien en realidad opera con mayor fuerza.

No podemos obviar, ni ocultar aquellas acciones y políticas del general Cárdenas que no funcionaron o debieron revertirse por su amplia y casi generalizada oposición, como las leyes elaboradas por Narciso Bassols,[190] quien pretendió crear una educación laica y social, el intentó de cerrar la Universidad Nacional Autónoma de México, mismo que fue rechazado por el rector en turno, Manuel Gómez Morín, mientras que aseguraba el funcionamiento de la institución aún sin sueldo para los profesores; por lo que los padres de familia hicieron donativos y establecieron cuotas voluntarias; esta falta de apoyo económico también afecto a los campesinos recién dotados de tierras de cultivo; mientras que la acumulación de poder al partido en el gobierno llevaba a excesos, corrupción y manipulación electoral, entre otros fracasos.

---

190 Emmanuel Moreno Rivera, «Narciso Bassols intelectual y revolucionario mexicano», El pensamiento latinoamericano del siglo XX ante la condición humana, octubre, 2006, <https://www.ensayistas.org/critica/generales/C-H/mexico/bassols-n.html>.
Bassols abordó los problemas educativos en todos sus aspectos: atendió el problema de la enseñanza normal y la técnica; la educación rural y las Misiones Culturales, el problema escalafonario de los profesores, la educación sexual y la organización del consejo de Educación Primaria. Su misión como Secretario de Educación se centró en tres objetivos: primero, que la educación que se impartiera en el país fuera efectivamente laica; segundo, que la educación rural coadyuvara a la resolución de uno de los problemas más grandes del país, la situación de atraso y marginación del campesinado; y tercero, el impulso a la educación sexual. Estas intenciones revolucionarias, en su tiempo sustentadas bajo el tenor de una ideología de izquierda muy cercana al marxismo, a la postre, serían las causas de su renuncia al cargo, dados los enfrentamientos que provocara con las fuerzas reaccionarias encabezadas por el clero y los sindicatos de la educación.

El general Cárdenas fue sucedió por otro general revolucionario, Manuel Ávila Camacho, oriundo del estado de Puebla, quien fue el candidato del PRI, contendiendo con el general Andrew Almazán, este enfrentamiento electoral llevo a crear conflictos dentro del ejército mexicano, resultando en una violencia generalizada, la muerte de cientos de personas, heridos, encarcelados y las constantes sospechas de fraude electoral.[191]

La gestión de Ávila Camacho se desarrolló paralelamente a la segunda guerra mundial, lo que favoreció a México por el aumento económicamente por la venta de petróleo a las naciones aliadas, la creación de empleos en EUA para trabajadores mexicanos como *braceros*; mejorando su calidad de vida y la de sus familiares al obtener ingresos en dólares y enviar remesas a nuestro país; el cine mexicano alcanzó su más alto nivel, siendo reconocida como la *era de oro del cine mexicano*, misma que fue propiciada por la llegada de intelectuales y cineastas españoles, escindidos por el franquismo, mientras que en Hollywood la baja producción solo se dedicaba al cine de apología.

Ávila Camacho ha sido señalado como uno de los presidentes más conservadores, debido a sus vínculos muy cues-

---

191 Soledad Loaeza, «La reforma política de Manuel Ávila Camacho», El Colegio de México, 24 de abril, 2012, <https://historiamexicana.colmex.mx/index.php/RHM/article/view/160/137>. En este documento la autora señala; "Lo excepcional en el desarrollo de esos comicios fueron las dimensiones de las batallas entre los simpatizan-tes de los candidatos en competencia. Como la gran mayoría de las elecciones que se celebraban en el país, la jornada del 7 de julio había sido un peligroso episodio de violencia, en el que grupos rivales peleaban a balazos o cuerpo a cuerpo para arrebatarse las urnas, cerrar las casillas o quemar boletas y listas de elector". Y «Andreu Almazán, Juan Isidro», Enciclopedia Guerrerense. Guerrero Cultural Siglo XXI, A.C., 11 de marzo, 2020, <https://enciclopediagro.mx/biografias/andreu-almazan-juan-isidro/>.

tionables con la plutocracia, su acercamiento con la jerarquía eclesial y los sectores económicos más privilegiados, a quienes les vendió casi la mitad del Bosque de Chapultepec, una zona de alta plusvalía por su vegetación, clima y vialidades de acceso, que por cierto, aún se conserva como su señorío; por otro lado, hubo avances en materia fiscal y monetaria, vinculados a las condiciones que imperaban en el mundo, muy particularmente en el país vecino del norte.

Su intento modernizador y democratizados se vio impedido por las inercias de poder del partido hegemónico y las fuerzas internas, que reclamaban sus cotos de poder; obreros, campesinos, sindicatos; así como los denominados poderes fácticos, no cabe duda que el crecimiento económico que se logró, aunado al control de las aspiraciones políticas del ejército y al incipiente desarrollo industrial, sientan las bases de lo que será el denominado el milagro mexicano.[192]

Los gobiernos que se sucedieron durante el crecimiento estabilizador o milagro mexicano, emprendieron una serie de reformas a las leyes que contribuyeron a la mejora de la economía, el desarrollo del mercado interno y externo, paralelamente a la industrialización de México, la estabilidad política que resultó de ello, fue propiciada por el crecimiento de contrapesos electorales, aunado a la mejoría de los niveles económicos, el combate a los monopolios y oligopolios, las nuevas reglas fiscales y la estabilidad social; estos factores propiciaron la creación de organismos públicos que contribuyeron, a su vez, a impulsar la economía nacional.

El reparto de tierras agrícolas decretado por Lázaro Cárdenas creó numerosos ejidos, en esta época los gobier-

---

192 Joaquín Montano, «Milagro mexicano», Lifeder, 26 de mayo, 2021, <https://www.lifeder.com/milagro-mexicano/>. Equipo editorial Etecé. «El milagro mexicano». Concepto, 5 de agosto, 2021, <https://concepto.de/milagro-mexicano/>.

nos sucesivos emanados del PRI, potenciaron la industrialización del país, lo que tuvo grandes éxitos en el campo mexicano, como el fin de la subordinación a la industria, su modernización con equipos y el establecimiento de sistemas de riego.

La industria mexicana fue capaz de adaptarse al mundo de la posguerra, en el cual, los países luchaban por reiniciar sus industrias y comercio internacional; lo que propicio que México se convirtiera en un referente de esta área, aumentando sus exportaciones, no solo de petróleo o trabajadores, sino que, con la política de sustitución de importaciones de Miguel Alemán, se crearon industrias de capital nacional, que producían bienes que antes se importaban para la venta en el mercado nacional, el estado fue el principal inversor en la economía del país.

La calidad de vida de la población mejoró, aumentó el producto interno bruto y los ingresos del país, se diversificó la economía, la industrialización y liberó el mercado interior, además, hubo un incremento de producción de electricidad, una mejora de la industria manufacturera y de la extracción de petróleo; la industria nacional se vio favorecida por la administración pública, el control de la inflación y la mayor entrada de divisas trajeron como resultado una mayor estabilidad en los precios, producto de las muy bajas tasas de inflación, que en algunos años fue menor al 2%.

La industrialización trajo, junto con los problemas de vivienda, inseguridad, desabasto de los servicios públicos como agua, energía eléctrica, transporte, vías de comunicación; pero se compenso con un mejor acceso a la salud y el crecimiento de la oferta educativa desde el bachillerato, hasta los estudios universitarios.

Durante el sexenio de Miguel Alemán se fundó la Universidad Nacional Autónoma de México, que se mantiene como una de las más importantes a nivel nacional, siendo la única universidad mexicana en la lista de las mejores del mundo,[193] cabe destacar que esta universidad es la última mega obra creada por el priismo, en una extensión de terreno total de 733 hectáreas, de las cuales, la UNESCO inscribió 176.5 hectáreas en su lista de patrimonio mundial, por considerarla una obra maestra del genio creativo del hombre.[194]

No podemos, ni debemos soslayar la creación del Instituto Mexicano del Seguro Social, el Instituto de Seguridad y Servicios Sociales para los Trabajadores del Estado, los Institutos Nacionales de Cardiología, Neurología, Neurocirugía, Nutrición, de Enfermedades Respiratorias, el Hospital Infantil de México y el Hospital de la Mujer, a los que se sumarían otros después de la década de los setentas.

Las bellas artes encontraron un espacio para su desarrollo, los intelectuales, artistas y científicos eran respetados y apoyados por el estado, de entre centenas de obras, destacaron la construcción del observatorio astronómico más grande de Latinoamérica, el Instituto de Geología, el Instituto de Matemáticas, el Centro de Estudios Avanzados del IPN,

---

193 Rubí Martínez, «UNAM, la mejor universidad de México: ranking de Shanghái 2023», Infobae, 15 de agosto, 2023, <https://www.infobae.com/mexico/2023/08/15/unam-la-mejor-universidad-de-mexico-ranking-de-shanghai-2023/>. En la clasificación internacional, la UNAM fue localizada en la posición número 93, siendo la universidad más reconocida de todas las de Hispanoamérica. La redacción, «La UNAM es considerada la mejor universidad de México en el Shanghai Ranking», *Proceso,* 15 de agosto, 2023, <https://www.proceso.com.mx/nacional/2023/8/15/la-unam-es-considerada-la-mejor-universidad-de-mexico-en-el-shanghai-ranking-312837.html>. «¿Cuántas hectáreas de terreno tiene la UNAM?», Todo sobre el alumnado, 2023, <https://unate.org/educacion/cuantas-hectareas-de-terreno-tiene-la-unam.html>.

194 *Ídem.*

el Colegio de México, la Universidad Nacional de Agricultura de Chapingo; el Planetario; la empresa Cordemex dedicada a la comercialización del henequén, y muchas más.

En este tiempo se apoyó a artistas de talla mundial como Frida Kahlo, Diego Rivera, David Alfaro Siqueiros, Rafael Coronel, Pedro Coronel, Carlos Fuentes, Octavio Paz, a intelectuales, literatos y científicos, tales como Octavio Paz, Arturo Rosenbluth, Daniel Cosío Villegas, Ismael Cosío Villegas, Marcos Moshinsky, Enrique Beltrán, Alfonso Romo de Vivar, Alfonso Reyes, Silvestre Revueltas, Agustín Yáñez, Carlos Chávez, Ignacio Chávez, José Joaquín Izquierdo, Juan Rulfo, Carlos Fuentes, José Herrán, Agustín Yáñez, entre otros, es importante mencionar que entre estos personajes había socialistas, comunistas, priistas, apartidistas, críticos y simpatizantes del sistema, que nunca fueron relegados o atacados debido a sus convicciones.

Hay una camada de políticos y funcionarios públicos que se destacan por su labor por un México mejor, entre los cuales, destaca el abogado y economista Antonio Ortiz Mena, quien fue secretario de hacienda durante dos sexenios, tiempo en el cual, el crecimiento económico del país destaco a nivel internacional, siendo condecorado con el premio Nobel a la paz en 1982.

Este personaje fue miembro del cuerpo diplomático mexicano junto con el jurista Isidro Favela; el doctor Gustavo Baz, quien fue director de las facultades de medicina del Ejército y la Fuerza Aérea y de la UNAM, rector de la máxima casa de estudios del país, general revolucionario y gobernador del Estado de México; el neurocirujano Manuel Velasco Suárez, político, filántropo y académico, gobernador de Chiapas, fundador del Instituto Nacional de Neurología y Neurocirugía; el ideólogo de la revolución Luis Cabrera; el abogado y filósofo Vicente Lombardo Toledano, gobernador interino de Puebla, Oficial Mayor del entonces

Distrito Federal, legislador, fundador de la Confederación Regional Obrera Mexicana, la Confederación de Trabajadores de México y la Confederación de Trabajadores de América latina, fundador del Partido Popular Socialista, candidato a la presidencia de la república, escritor y académico destacado, a los que podemos sumar algunos otros políticos de gran compromiso social y moral.

Durante los 4 sexenios comprendidos entre 1946 a 1970 aprecia el crecimiento lento pero sostenido de una oposición que buscaba la alternancia y los equilibrios en el ejercicio del poder, en este sentido, la creación del Partido Popular Socialista en 1948, invitó a la reflexión de muchos miembros del PRI, la salido de Lombardo Toledano, ex correligionario que abandona este partido en busca de conservar su identidad social y su esencia nacional revolucionaria, se trata del primer intento serio de democratizar la vida interna del partido en el poder.

En el año 1949, un año después del reconocimiento oficial del PAN, Manuel Gómez Morín, quien se desempeñaba como presidente del mismo, con una clara visión de lo que se necesita para detonar el crecimiento de dicho instituto, invita a unirse a don Alfonso Ituarte Servín, joven y exitoso empresario, quien era el dirigente nacional del grupo denominado Acción Católica, cargo que le imposibilitaba para dedicarse a la política ya que era un precepto y juramento obligatorio para pertenecer a dicho grupo, no pertenecer a ninguna agrupación política o dedicarse a ello.

Ituarte a instancias y sugerencia de Gómez Morín acudió a entrevistarse con el capellán, quien le pidió al presidente nacional que renunciara y se sumara al proyecto de nación del PAN, quien convencido por su líder moral dejó el cargo, lo que fue muy aplaudido por sus compañeros, quienes a su vez, tomaron igual camino, de esta manera, hubo un salto en los resultados electorales y doctrinales, entre los personajes que abandonaron la Acción Católica y se sumaron el PAN que, años más tarde serían presidentes nacionales del PAN, José González Torres y Abel Vicencio Tovar.[195]

Durante el sexenio de Miguel Alemán se construyeron grandes obras para la vivienda social, como el centro urbano Miguel Alemán, Benito Juárez y la unidad taxqueña, se hicieron obras para dotar de agua potable a la ciudad de México, se aumentó la electrificación del país, se hicieron las carreteras más importantes del norte, centro, occidente y sureste del país y se aumentaron las obras portuarias; lo que favoreció el nivel de vida de centenares de miles de personas y facilitó el comercio nacional e internacional.

Adolfo Ruíz Cortines, el siguiente presidente nacional, fortaleció e incrementó la industrialización y modernización del país, fundó el Patronato del Ahorro Nacional, creó el seguro agrícola integral, la construcción del Centro Médico Nacional del IMSS; pero su mayor éxito fue gracias a sus proyectos de combate a la corrupción y la austeridad gubernamental, el lema de su campaña fue austeridad económica, con esto buscó distinguirse del anterior presidente.

Trató de resolver los problemas sociales mientras inició una época de austeridad; cambió la ley sobre la responsabilidad de los funcionarios públicos con la intención de acabar con la corrupción; impulsó la reforma del artículo 28 constitucional para sancionar a los monopolios que afectaran los artículos de primera necesidad; aprobó leyes para reducir el gasto público y ajustarlos a los ingresos, con el objetivo de sanear las finanzas del estado y evitar la inflación, medida que provocó el descontento de los empresarios; impulsó el Pro-

---

195 Martha Silva Antonio, *Entre la militancia política y la católica Alfonso Ituarte Servín (1956-1959).* (México: Tesis para obtener el grado de doctora en ciencias sociales, Universidad Autónoma Metropolitana, 2010).

grama de Progreso Marítimo, conocido popularmente como marcha al mar; construyó y mejoró 70 puertos; además de abrir comunicaciones interoceánicas y con el altiplano.

Por otro lado, cumplió la promesa de campaña hecha a las mujeres sobre los cambios legislativos para reconocer sus derechos políticos, de tal suerte que, es a partir de 1955 que se reconoció el voto a la mujer, por cierto, 50 años más tarde que muchos otros países de la América Latina y el último en establecerlo en el continente.

El siguiente periodo presidencial fue el del abogado Adolfo López Mateos, quien continuó la labor de su predecesor en materia de austeridad y promovió de manera especial la ética de sus funcionarios, aunque fue evidente que hubo algunos que no siguieron este camino, llevó a cabo algunas expropiaciones, la más importante de ellas fue la industria eléctrica, traicionada en el primer decenio del siglo XXI.

Recuperó en negociaciones con el gobierno de EUA el territorio del Chamizal, creó el Instituto Nacional de Protección a la Infancia, denominando actualmente como Sistema para el Desarrollo Integral de la Familia; mejoró la alimentación de los niños mediante el ampliado programa de desayunos escolares, los que se distribuían en las escuelas de la Secretaría de Educación Pública (SEP) a un precio verdaderamente bajo; combatió al analfabetismo con grandes resultados gracias a la dirección del secretario de la SEP, Jaime Torres Bodet.

Aunque fue en los años 1968 a 1970 que se realizaron en México, los dos más importantes eventos deportivos del mundo, las olimpiadas y la copa mundial de futbol, la aceptación de México como sede fue gracias a las gestiones realizadas durante la presidencia de López Mateos.

El último periodo presidencial del milagro mexicano, fue el de Gustavo Díaz Ordaz, desde el primer mes de su administración estableció una conducta autodestructiva, basada en la represión social sin límites; tal como el mes de diciembre de 1964 los reclamos de los médicos internos y residentes adscritos al Centro Médico Nacional 20 de Noviembre, por el incumplimiento del pago de su aguinaldo;[196]

El pleito suscitado por dos grupos de adolescentes, estudiantes de la preparatoria Isaac Ochoterena y las escuelas vocacionales 2 y 5 del IPN,[197] fueron reprimidas con saña, violencia y odio por la policía del Distrito Federal, hubo decenas de heridos y detenidos, el uso excesivo del cuerpo de granaderos y la falta de respuesta del jefe de la policía, Luis Cueto Ramírez fue patente y propició un paro de 4000 estudiantes de las vocacionales del IPN; ello supuso un reto para el presidente, quien respondió con mayor violencia; llegando a extenderse a los alumnos de la UNAM y otras instituciones educativas.

De un simple pleito entre jóvenes pre universitarios se llegó a la ocupación de la UNAM por el ejército y ataques al rector de dicha institución, quien fue acusado por Luis Farías como incitador del movimiento, la persecución de los líderes del movimiento y al final, la masacre del 2 de octubre, en la plaza de las Tres Culturas en la unidad Tlatelolco, en la que hubo al menos 500 muertos y desaparecidos.[198]

---

196 Gabriel García Colorado, e Irma Eréndira Sandoval. *Autonomía y Derechos de los Pueblos indios.* 2a edición. (México: Instituto de Investigaciones Legislativas, Talleres Gráficos de la H. Cámara de Diputados, 1998).

197 Jimena González, «Un juego de tochito, el origen del Movimiento Estudiantil de 1968», Expansión política, 2 de octubre, 2018, <https://politica.expansion.mx/mexico/2018/10/02/un-juego-de-tochito-el-origen-del-movimiento-estudiantil-de-1968>.

198 «Los muertos de Tlatelolco, ¿cuántos fueron?», *Aristegui Noticias,* 1 de octubre, 2013, <https://aristeguinoticias.com/0110/mexico/los-muertos-de-tlatelolco-cuantos-fueron/>

Las cifras reales jamás han sido establecidas, en virtud de que los muertos de muchos de los jóvenes asesinados fueron incinerados

A pesar del repudio hacía el presidente, este tuvo la osadía, casi pueril, de modificar la constitución con la intención de buscar la reelección, pero se opuso el presidente nacional del PRI, el Carlos Madrazo Becerra, quien ordenó a la bancada del partido negar la absurda pretensión, esto le costó la presidencia del partido y la posibilidad de seguir perteneciendo al mismo.

Poco después, Madrazo fundó un nuevo instituto político llamado Patria Nueva, al cual se sumaron muchos correligionarios hartos de la prepotencia del titular del ejecutivo, buscando una nueva oportunidad de modernizar al PRI, sobre todo en materia de elecciones internas y libres para que los candidatos a puestos de elección popular; pidió la autocrítica; el juego plural entre opciones y planteamientos dentro del propio partido; así como la integración de afiliaciones individuales libres y la exclusión de corporaciones.

---

o enterrados en lugares desconocidos, pero la anterior puede ser cercana a la realidad. Andrés Becerril, «'Aquí no pasó nada'; mensaje de México después de la matanza de Tlatelolco», *Excelsior,* 3 de octubre, 2018, <https://www.excelsior.com.mx/nacional/aqui-no-paso-nada-mensaje-de-mexico-despues-de-la-matanza-de-tlatelolco/1269094>. Tocó a Gabino Fraga quien era encargado del despacho de la SRE el triste papel de enviar dicho mensaje al mundo entero, a pesar de las evidencias de lo sucedido. Oriana Fallaci, *La rabia y el orgullo,* (Madrid: La esfera de los libros, 2009). En esta obra de la espléndida periodista italiana, ella relata con precisión el atentado que sufrió en Tlatelolco, tres balas de rifles de alto poder en la espalda y como el batallón Olimpia la levantó y fue arrojada a un camión entre cuerpos de jóvenes muertos, el estar bajo esos restos provocó que se taponaran las heridas y no muriera por hemorragia, también cuenta como la intervención de varios intelectuales mexicanos y europeos, entre ellos Elena Poniatowska obligaron al Secretario de la Defensa a buscar a la periodista y después la intervención del propio Presidente de la República Italiana, quien anticipó sanciones en contra del Estado mexicano en caso de su desaparición

Sin embargo, 4 de junio de 1969 cuando Madrazo viajaba con su esposa Graciela Pintado a la ciudad de Monterrey, murieron en un avionazo junto con otras 777 personas, un crimen de estado que el país no sufría desde el asesinato de Obregón en 1928; aunque las evidencias físicas de la bomba que destruyó el avión fueron ocultadas por varios decenios, hoy se sabe con exactitud que no hubo un impacto del avión, que los motores de la nave aparecieron a un par de kilómetros del sitio de la explosión, además de las declaraciones de Cuauhtémoc Cárdenas y el entonces secretario de la Defensa, el Marcelino García Barragán.[199]

Madrazo en 1965 escribió un artículo haciendo una crítica directa al presidencialismo, poniéndolo en la mira del partido, mismo que no dudó en apostar por el uso de la fuerza.

Paralelamente a todas las pifias, Díaz Ordaz rompió el amable diálogo con los partidos opositores al igual que su secretario de gobernación, ya que consideraban que la sociedad creía aún el discurso nacionalista revolucionario que acompañó los celebrados años del milagro mexicano; pero en décadas anteriores el sistema había reconocido y atendido con éxito, las necesidades de los trabajadores, obreros y campesinos, en la década de los setenta se acabó su fuerza dentro del electorado de clase media, quien se abocó al voto por el conservador Acción Nacional.

Entre las acciones memorables de este oscuro sexenio, podemos encontrar la construcción del servicio metropolitano de transporte subterráneo, obra indispensable tanto para la Ciudad de México, como para los municipios mexiquenses que integran en conjunto el área metropolitana.

---

199 Valentín Valdés, «Carlos Alberto Madrazo: Accidente o crimen de estado», *Zócalo,* 4 de junio, 2009, <https://www.zocalo.com.mx/carlos-alberto-madrazo-accidente-o-crimen-de-estado/>.

Durante la administración de Luis Echeverría Álvarez, se dieron políticas y situaciones controversiales, tales como una supuesta apertura democrática que incluía la participación de los jóvenes, mientras cometía la matanza del jueves de corpus, la cual, ha quedado plasmada tanto en la historia, como en el cine.[200]

La represión estatal marcó este sexenio, aunado a los actos de autoritarismo, como los ataques al grupo Monterrey; en un falso apoyo a la juventud crea la Universidad Autónoma Metropolitana, como un intento de disminuir la importancia de la UNAM, que funcionaba como un semillero de críticas a su falso discurso de izquierda.

Podamos resaltar en beneficio de su gestión, la construcción de la refinería más grande de América latina, la emisión de leyes como la de Protección al Consumidor, de Amnistía y de Asentamientos Humanos; así como la construcción del Hospital del Niño.

En 1976 se devaluó el peso, el tipo de cambio de 12.50 pesos por dólar que tuvo una vigencia de 22 años, subió hasta 27.97 por dólar, lo que representó un alza de 223% en ese sexenio.[201]

Antes de continuar el relato de la desvalorización y derechización del PRI, queremos recordar como José Ángel Conchello, con motivo de la rememoración del sesquicentenario de la firma del Tratado Guadalupe Hidalgo, trajó a la memoria el auto secuestro del millonario estadounidense William Jenkins,

---

200 *Roma*, dirigida por Alfonso Cuarón, 2018, <https://www.filmaffinity.com/es/film850453.html>.

201 «Después de 22 años, se devalúa el peso», *Revista Siglo mexicano*, <http://www.cursosinea.conevyt.org.mx/cursos/mexico/contenidos/recursos/revista2/1976.htm>.

> [...] a principios de este siglo (XX) hubo un incidente tanto chusco, como anecdótico, casi tragicómico, un grupo de gentes, quiso raptar a un personaje estadounidense para demostrar que el gobierno en turno era incapaz de proteger los intereses de los Estados Unidos, éste fue el caso de un millonario, el citado Jenkins, para provocar la intervención norteamericana, lo que en efecto sugirió al presidente Wilson, el jefe del Departamento de Estado Richard Lancing, *declarar la guerra a México* e invadirnos. Wilson, afortunadamente no hizo caso a esta posibilidad y poco tiempo después apareció *la víctima* sana, en buen estado de salud y un poco más rico (gracias al rescate pagado por México) nos referimos al seudo privado de libertad. [202]

Richard Lancing, frustrado, pero con la certeza de su torpe su sugerencia, abandono la política y se dedicó a la academia, en lo único que jamás dejo de pensar fue el deseo de apoderarse de México, unos años después de su muerte, se publicaron sus memorias, en las cuales escribió lo siguiente:

> México es un país extraordinariamente fácil de dominar, por que basta con dominar a un solo hombre, el Presidente, tenemos que abandonar la idea de poner en la presidencia mexicana a un ciudadano americano, ya que eso nos llevaría a la guerra, la solución necesita de más tiempo, debemos abrirles a los jóvenes mexicanos ambiciosos las puertas de nuestras universidades y hacer el esfuerzo de educarlos en el modo de vida norteamericano, en nuestros valores y el respeto al liderazgo de Estados Unidos, con el tiempo esos jóvenes llegarán a ocupar cargos importantes y eventualmente se adueñarán de la presidencia, sin necesidad de que Estados Unidos gaste un centavo o dispare un

---

202 *Rememoración de la firma del tratado Guadalupe hidalgo: reflexiones sobre la soberanía nacional,* (México: Cámara de Diputados. Instituto de Investigaciones Legislativas, 1999).

> sólo tiro, harán lo que nosotros queramos y lo harán mejor y más radicalmente que nosotros.[203]

Durante las presidencias de José López Portillo, Miguel de la Madrid, Carlos Salinas de Gortari y Ernesto Zedillo, se hicieron presentes los malos augurios de Lancing y el entreguismo a EUA.

López Portillo se caracterizó por realizar gastos superfluos y una opulencia gubernamental,[204] la presencia en el gobierno de miembros de familias porfiristas, criollos coloniales; la devaluación de la moneda alcanzó niveles alarmantes; los índices inflacionarios llegaron hasta tres dígitos; mientras que el presidente hablaba orgullosamente del nombramiento de su hijo, yerno, hermana y otros familiares; agravó la problemática del nepotismo, al grado de existir familias que dirigieron por décadas instituciones gubernamentales, partidos políticos y dinastías estatales, era un gran orador que mentía sin vergüenza, ni discreción; estatizó la banca privada, los ahorros de millones de mexicanos que se mantenían frente a la inflación al estar en dólares, fueron convertidos a pesos, en un tipo de cambio al que la sociedad denominó "robo en despoblado".[205]

---

203 Doralicia Carmona Dávila, «1924 Carta de Robert Lansing», Memoria Política de México, 2023.

204 Charles H Oppenheim, «El año que vivimos en peligro», *Expansión*, 7 de mayo, 2019. <https://expansion.mx/opinion/2019/05/07/opinion-el-ano-que-vivimos-en-peligro>.

205 José Elías Romero Apis, «Nuestras pesadillas recurrentes», *Excelsior*, <https://www.excelsior.com.mx/opinion/jose-elias-romero-apis/2016/11/25/1130317>. El 8 de agosto de 1982 fue el día más catastrófico de un siglo financiero mexicano. Se anunció a la comunidad financiera internacional que, a partir de ese momento, México suspendería el pago de los servicios de su deuda externa. Ese día, el Banco de México contaba tan sólo con algo así como 300 mdd en reserva. Como consecuencia inevitable entramos en un control de cambios. Ya no se venderían dólares en las ventanillas

La administración presidencial de Miguel de la Madrid, marca el inicio del neoliberalismo, con la venta de cientos de empresas paraestatales a precio de remate, una política que aplaudieron y gozaron, los únicos beneficiarios del dislate presidencial, es decir, las familias más acaudaladas del país, su campaña a la presidencia fue al menos 50 veces más costosa que la de su principal adversario, el panista Pablo Emilio Madero, con un lema de campaña que por obvias razones no cumplió, *Por la renovación moral.*

Sin ningún reparo aceptó el fraude electoral en 1986 en Chihuahua e incluso le llamo un *fraude patriótico,* fue el responsable de la depreciación de nuestra moneda, avaló en 1988 el fraude a Cuauhtémoc Cárdenas, al señalarlo como perdedor de la elección presidencial, propiciando el adelgazamiento del estado.

Carlos Salinas de Gortari no sólo aceleró el proceso de privatización que caracterizó al periodo neoliberal y delegó puestos importantes del partido a políticos no profesionales, también abrió espacios de connivencia y corruptela a militantes del PAN con absoluto descaro, el PRI enfrentaba comicios cada vez más competidos frente a un PAN fortalecido por ser una oposición creíble y porque la tecnocracia se había encargado de legitimarlo y revalorarlo con sus medidas económicas contra el papel histórico del estado.

Ernesto Zedillo, fue mucho menos autoritario que su predecesor pero continuó desmantelando al estado, vendió Ferrocarriles Nacionales de México en el primer mes de su mandato se devaluó el peso un 300%, cumplió al pie de la letra el mensaje de Washington respecto a una alternancia

bancarias y los depósitos nominados en divisas fueron convertidos en pesos mexicanos. A estos depósitos reconvertidos se les impuso el ingenioso nombre de "mexdólares".

en el poder, aprovechando que el PAN había sido rebasado por los intereses del capital, jugó en contra del candidato de su partido y heredó la silla a un improvisado vendedor de refrescos, quien a su vez, delegó sus funciones a su esposa, puerilmente llamada la pareja presidencial.

Tras doce años de alternancia, pero no de cambio de régimen, el PRI recuperó el poder con un miembro de la rancia y poderosa dinastía mexiquense, Enrique Peña Nieto, del que únicamente diremos que privatizó el icono del cardenismo, Petróleos Mexicanos; cuyos errores y corrupción de sus correligionarios dictaron la muerte del PRI; por ende de la identidad de tres generaciones posrevolucionarias; el nacionalismo revolucionario.

VII. PELÍCULAS PARA COMPRENDER EL FASCISMO DESDE DENTRO Y FUERA

[...] la guerra que ha unido a los grandes pueblos de Gran Bretaña, Unión Soviética, China y Estados Unidos, no se dirige a la destrucción de los valores humanos sino a su conservación. Una guerra cuyo propósito final no es destruir, sino construir. Una guerra para devolver el aspecto y la dignidad de seres humanos a esos pueblos oprimidos ahora por el plan fascista de la dominación del mundo.

Sergei Eisenstein

El fascismo es totalitario incluso en el hecho de que trata de poner la rebelión de la naturaleza oprimida contra el dominio directamente al servicio de este último.

Theodor Adorno

Los adeptos y partidarios del fascismo –no podemos llamarles ideólogos o teóricos, en virtud de que no es una corriente emergida del pensamiento racional– muy pronto entendieron que lo más importante para hacer crecer su movimiento era hacer creer a diversos grupos sociales de las bondades de este sistema, tuvieron buenos resultados con base en la propaganda, falacias construidas y difundidas a través de los medios de comunicación; para ello utilizaron los miedos sociales, de tal manera que, muy pronto lograron convencer a los grupos más reaccionarios de la sociedad, de que combatir las ideas de Marx y Lenin, era la única manera de librarse del materialismo histórico y evitar que

Europa occidental se llenara de una filosofía atea, ajena al eurocristianismo contraría a sus ideales de vida.

Ante esta andanada de falacias sucumbió gran parte de la sociedad, que escuchaba, leía y comentaba los discursos de los líderes fascistas, a los que se sumaban profesores, y ministros de culto; quienes repetían insensatamente los riesgos del comunismo ateo y la vulneración a la dignidad de la persona humana.

No alcanzamos a comprender con precisión como confluyó el odio a los judíos, pero el antisemitismo, en casi todos los países fascistas europeos, se hizo parte de su discurso, lo que si podemos afirmar es que, fue un sentimiento que ganó fuerza y adhesiones de la sociedad europea.

Hubo otros sentimientos de odio, exclusión, clasismo y rencores que explotaron los propagandistas del régimen, tales como la xenofobia, la homofobia, el racismo, las cuales, fueron ampliamente difundidas y encontraron quienes se sumaran a uno u otro rencor.

Los países fascistas utilizaron al cine para divulgar sus ideas, pero destacan por su existo Alemania e Italia, quienes vieron en el cine un vehículo propagandístico y, como señalaba Goebbels, la reeducación a favor de los valores del régimen, tanto Mussolini como Hitler, llegaron al poder con el apoyo popular, pero en pocos años se transformaron en autócratas, con una política de violencia extrema, racismo y xenofobia, ambos entendieron que para permanecer en el poder, requerían una sociedad no solo temerosa,[206] sino

---

206 «Frases de Heinrich Himmler». Frases y pensamientos, 2023, <https://www.frasesypensamientos.com. ar/autor/heinrich-himmler. html>. "La mejor arma política es el terror. La crueldad impone respeto; los hombres podrán odiarnos, pero no queremos su cariño, sólo queremos su miedo". Esta frase de Henrich Himmler dice la verdad sobre el régimen nazi.

penetrada culturalmente, por tanto, el séptimo arte, que desde su creación demostró contar con facilidades para la trasmisión de ideas, conceptos y cultura; se convirtió en una poderosa arma para la divulgación de los enconos sociales.

Italia en su cinematografía sufrió por la falta de capitales extranjeros, problemas de distribución de sus filmes y una carencia de cineastas, ya que, innumerables directores, escritores, técnicos y actores emigraron buscando mejores condiciones laborales, pero, sobre todo, independencia para la creación del arte; ya que Mussolini mostraba un marcado interés personal en el cine, al que entendía como un vehículo inigualable para plasmar la grandeza y vanidad de su nacionalismo hipertrofiado.

En 1926 promulgó una ley que obligaba a sostener una cuota de pantalla del 10% de producciones locales para cada sala de cine del país, que elevaría posteriormente hasta el 25%, forzó la expropiación y posterior nacionalización de la compañía LUCE, productora que se ocupaba de filmes educativos, dejándola bajo su supervisión personal.

LUCE se transformó en el vehículo de propaganda del estado, con un noticiario cinematográfico llamado el *Luce Gazette*, dedicándose además, a la producción de documentales que idealizaban y ensalzaban las virtudes del régimen y su líder; tal como la epopeya en tres partes que transformaba a Mussolini y sus camisas negras en vástagos directos de Espartaco, en tanto, *Path of the Heroes*, doblada al inglés para conquistar los mercados angloparlantes, era un relato poco menos que bíblico acerca de la invasión italiana de Abisinia.[207]

---

207 «La conquista de Abisinia (1935-1936)», Revista digital de Historia y Ciencias Sociales, 2004, <http://www.claseshistoria.com/2guerra-mundial/antecedentes-abisinia.html>. La propaganda fascista alentaba el deseo de dominio del Mediterráneo a la manera en que lo

La proyección de los noticiarios LUCE era obligatorio en todas las salas de la península y se distribuían en el extranjero gracias a cuantiosos aportes de dinero, pese a ello, le resultaba difícil controlar los contenidos del cine de ficción, razón por la cual, buscó soluciones en políticas contrapuestas. En 1929 Mussolini prohibió por decreto la exhibición de películas extranjeras y encomendó la tarea de adaptar toda la industria local al sistema sonoro, para ello, se contrató al empresario Stefano Pittaluga,[208] pionero del cine italiano, quien logró un relativo éxito comercial, a pesar de las limitaciones del gobierno.

En 1933, se promovió la primera colaboración cinematográfica con el régimen nazi al convocar al director y guionista germano Walter Ruttmann, para que adaptase la novela de Pirandello, *Acciaco,* de la que surgiría el film *Steel* o *Arbeit Match Frei* en 1933.

La empresa Cines no pudo por sí sola revitalizar la alicaída industria italiana, en apenas un par de años, se declaró en quiebra; entonces, Mussolini creó la Oficina General Para la Disciplina y Guía de la Producción Cinematográfica, organismo que controlaría más eficientemente las etapas de guionado y preproducción de cada película, así como la estricta regulación de la etapa de exhibición, aun así, no era un sistema tan riguroso como el impuesto por Goebbels

---

había hecho la Antigua Roma. Italia ya había conquistado parte de Libia, Eritrea y Somalia, pero lo que hacía especialmente apetecible a Abisinia (Etiopía), era el no estar cubierta por zonas desérticas y ser susceptible de una intensa explotación económica. Por lo que fue invadida por Mussolini en 1935.

208 Octavio Spindola Zago, «Hemos hecho Italia, ahora tenemos que hacer a los italianos. El aparato educativo transnacional del régimen fascista italiano, 1922-1945», *Historia mexicana, El Colegio de México,* vol. 69, núm. 3, enero-marzo (2020), <https://kripkit.com/stefano-pittaluga/>.

en Alemania, que literalmente asfixiaba y privaba de toda creatividad y autonomía a los cineastas.

En tanto que los éxitos militares en el norte de África creaban la ilusión pública de un pasado y un presente imperial, lo que favoreció exponencialmente la producción de un cine que reflejaba esta cosmovisión; en 1935 aprobó la creación del Centro Sperimentale di Cinematografía, destinado a la formación de técnicos y directores, comenzó la construcción de los monumentales estudios Cinecittá, como un auténtico homenaje a la cultura fascista, que se concluyó e inauguró en 1937, cuando la industria local había logrado recuperar gran parte de su esplendor económico pero no su calidad.

Una veta realista inició en el cine italiano, cuando Alessandro Blasetti, director y guionista que brilló en las décadas de los treintas y cuarentas, fue un precursor del neorrealismo de posguerra, en la película 1860, sobre la epopeya de Garibaldi, retrató un episodio de la campaña de Garibaldi por la liberación de Sicilia, se mostraba más como un documentalista del pasado, que como un apologista de la gloria nacional italiana; en la *Vecchia Guardia* ensalzaba a los fascistas que habían protagonizado la marcha sobre Roma.

Blasetti se consagró, más allá de los vaivenes políticos en los que se vio inmerso, a la idea de la creación de un cine con temática, desarrollo y esencia específicamente nacionalista; como contrapartida, el otro gran director italiano fue Mario Camerini, quien se abocó a la producción de comedias, obtuvo éxito internacional con *Gli uomini, che mascalzoni...*, una farsa protagonizada por el muy joven Vittorio de Sica, pero años después fue literalmente obligado a dirigir el filme de propaganda *Il Grande Appello*, sobre la conquista de Abisinia en Etiopía.

El género épico, fue particularmente útil para el régimen fascista gracias a sus temas históricos y el uso de signos y estandartes del imperio romano, que se asimilaban a la fuerte iconografía impuesta por Mussolini y sus seguidores; *Scipione L'Africano,* transformaba la epopeya del protagonista en un parangón nacionalista de la valentía y amor por la patria de los camisas negras; lamentablemente, la calidad del cine italiano fue decayendo a diferencia del alemán, que a pesar del estricto control estatal y su contenido propagandístico mantenía un muy alto nivel artístico.

En Alemania se vivía una situación similar, con la revisión crítica de las películas alemanas rodadas bajo el III Reich, tenían la misma orientación, la apología del Führer, los valores y símbolos del nacional socialismo, ambas vertientes eran igualmente portadoras de idénticos posicionamientos y mensajes, más allá del género o el tono de sus tramas.

El Servicio de Producción y Regulación Artística, en el seno del partido nazi, se asociaría a diferentes productores y distribuidoras para rodar y estrenar sus propias películas, eran controlados por las cabezas de dicho servicio, quienes iniciaron una feroz campaña contra las tendencias subversivas dentro del cine alemán; uno de los primeros dañados por esta campaña fue Georg Wilhelm Pabst.

La película *Kameradschaft,*[209] traducida como *La tragedia de la mina,* en la que se habla de la solidaridad internacional entre los obreros del carbón; se salvó de desaparecer, ya que el régimen, sin suerte, trató de destruir todos los negativos y copias positivadas, algunos coleccionistas y cines en el extranjero guardaron copias, aunque fueran mutiladas de esta magnífica obra.

---

209 G.W. Pabst, *Kameradschaft.* 1931, <https://www.allmovie.com/movie/kameradschaft-v26908>. Kameradschaft fue nombrada mejor película extranjera del año 1932 por el Consejo Nacional de Crítica de Cine de los Estados Unidos.

El cine alemán se encontraba en el movimiento expresionista, es por ello que plasmaba escenas perturbadoras, como en *Muchachas de Uniforme* de Leontine Sagan, pensada como un alegato a favor de un sistema más humano y menos autoritario para la educación de pupilas, pero se convirtió en un fino y delicado estudio de la psicología femenina, un medio represivo e ideologizado, por tratar temas cuasi tabúes como el lesbianismo, el abuso psicológico y físico sobre las menores.

Esta riqueza conceptual quedaría hundida en las arenas de la represión y el terror, ya que para principios de 1936 las purgas en la industria cinematográfica alemana eran tan habituales que el éxodo de talentos era trágicamente masivo; beneficiando a Hollywood, que recibía a genios como el propio Lang, William Dieterle, Robert Siodmak, Billy Wilder, Marlene Dietrich[210], Edgar G. Ulmer, Douglas Sirk, Conrad Veidt, Peter Lorre y Fred Zinnemann[211], entre muchos más

---

210 Josef Von Sterberg y Anna May Wong, Shanghai express (1932), 16 de octubre, 2022, <https://www.afi.com/news/tag/marlene-dietrich/>. Marlene Dietrich fue una actriz y cantante alemana que también adoptó la nacionalidad estadounidense. Es considerada como uno de los más eminentes mitos del séptimo arte, y también como la novena mejor estrella femenina de todos los tiempos según el American Film Institute.

211 «Fred Zinnemann», AlohaCriticón, 2023, <https://www.alohacriticon.com/cine/actores-y-directores/fred-zinnemann/>. Director de cine austriaco, emigrado a los Estados Unidos de América, obtuvo decenas de premios internacionales, incluyendo dos Oscar a mejores películas, en el año 1936 viajó a México para filmar el documental Redes, codirigida por el realizador mexicano Emilio Gómez Muriel, Basada en hechos reales, la cinta describe la forma en que se perpetúa la dominación política por medio del control de la economía, fue filmada totalmente en locaciones en Veracruz, cuenta con la participación de pescadores reales y presenta de forma honesta y natural la dura lucha de estos trabajadores del mar al tomar con-

Por otro lado, el antisemitismo permeó la cinematografía, se decretó la estricta prohibición para que los judíos trabajasen en películas alemanas, no sólo en la dirección, sino como técnicos, actores y productores; para desgracia de los excelentes directores alemanes, también se prohibieron las revistas y libros de crítica cinematográfica, esto solamente era posible si surgía de las oficinas de prensa y difusión del Ministerio de Propaganda e Información, que debía ser publicada tal cual se le enviaba al periódico de turno.

La censura, se ejercía de manera implacable y bajo criterios severamente estipulados en guías publicadas y repartidas por el citado ministerio, todo como una parte del siniestro engranaje ideado por Joseph Goebbels, quien pretendía la nacionalización de toda la industria cinematográfica alemana.

El proceso, finalmente exitoso, contó con dos herramientas clave para ese fin, que fueron el paulatino control de toda la burocracia de la industria, más el estricto control financiero ejercido por el financista nazi Alfred Hugenburg, sobre los estudios; partir de 1933, los únicos que podían rodar filmes en Alemania eran los miembros de la *Reichsfilmkammer*, se veían libres de toda competencia extranjera y pagaban menos impuestos que otras industrias; se otorgaba una serie de premios fiscales a los productores y además se encargaba de la calificación de las películas según sus valores culturales y políticos; en febrero de 1935 se comenzaron a controlar las exportaciones de películas y noticiarios alemanes.

Durante la dictadura nazi, los arquetipos y modelos del régimen, el culto al Führer, la estética germana, la absoluta disciplina y respeto a la autoridad, la exaltación de la cama-

---

ciencia de su condición. La cinta es el primer ejemplo de cine de producción estatal en México, al ser producida por la Secretaría de Educación Pública.

radería y lealtad entre los miembros de la raza aria, permitió que se mostrara una simpatía hacia la eutanasia y su aplicación a enfermos mentales, personas con discapacidad y ancianos, como un mecanismo para disminuir los costos de salud y pensiones; aunado a ello, se incluyó un mensaje antibritánico, especialmente hacia su imperialismo y sistema político.

En el fascismo español no existió una producción de cine, su propaganda se fundamentó en la crítica a los republicanos y la apología a los héroes militares, lo cual, fue pringado con algunos filmes dedicados a sacerdotes, curas y religiosos que fervorosamente apoyaban a los alzados y hacían una férrea defensa de la hispanidad; durante los casi 4 años de guerra civil la única propaganda la realizaban los religiosos en las iglesias, escuelas y participación pública.

Durante ese periodo fueron asesinados o exilados los más destacados directores de cine, guionistas, escritores, actores, literatos y demás personas que contribuyen a la realización de obra cinematográfica, con muy pocas excepciones, siendo estos los partidarios de la derecha, quienes sufrieron la censura impuesta por los generales en el poder, que incluía la no realización de películas políticas, o cualquier obra que ofendiera la moral o las buenas costumbres.

Durante la guerra civil destacan algunas cuantas películas de defensa de la república española, a través de algunos intelectuales liberales, las críticas al franquismo y a los mercenarios italianos, alemanes y marroquíes.

Acabada la guerra, se viviría un estado económicamente empobrecido, físicamente asolado y una ciudadanía dividida entre vencedores y vencidos; un panorama desolador, cuya imagen no se quería plasmar en el cine, ni siquiera en el de ficción; por otra parte el cine documental se ocupó de las noticias oficiales del régimen como proyectar una España unida, laboriosa; ajena a la triste y desoladora realidad.

No se renunció al entretenimiento como vía de escape de las miserias cotidianas, pero la labor se dejó en manos del futbol y las corridas taurinas, que desde sus inicios construyeron un cuento de hadas sobre el renacer del estado, los viajes del Caudillo por la patria, triunfaban con enorme apoyo popular; aunque las masas que aclamaban al jefe del estado se difuminaran como meros figurantes, también se dedicaba primordial interés a las conmemoraciones periódicas de la *Guerra de liberación*; con los años y las décadas, se insistió en mostrar un país cohesionado en torno a su líder.

El cine de la dictadura puede dividirse en varias etapas:[212]

> La primera, corresponde a los años cuarenta. El cine y sus temas se radicalizan y vuelcan todos sus esfuerzos en glorificar la liberación nacional producida tras la victoria del bando sublevado. Se extremaron energías por demonizar al enemigo de la patria, al materialismo, al ateísmo, la masonería, el judaísmo, es decir a los traidores dominados por sectarias ideas extranjeras contrarias a las tradiciones y grandezas nacionales.
>
> [...]
>
> Muchas son las muestras de películas que inciden en glorificar los valores de ese destino hacia lo universal. Sirva como ejemplo de la década El santuario no se rinde (1949), del director Antonio Ruiz Castillo. Protagonizada por Alfredo Mayo, una loa a la defensa del santuario de Santa María de la Cabeza. En ésta, el pueblo español continúa siendo el elegido por el divino, pero en la obra ya es posible rastrear ciertos elementos que invitan a la reconciliación nacional.

---

212 Eilidibeth Córdova, «Directores españoles de cine: los 25 mejores directores y cineastas españoles de la historia», *Cinconoticias*, 9 de marzo, 2022, <https://www.cinconoticias.com/directores-espanoles-de-cine/>. Periodista licenciada en Comunicación Social por la Universidad Católica Andrés Bello, Diplomada en Derechos Humanos y Perspectiva de Género por Universidad de los Andes.

En la década de los cincuenta, se abandonaron, en cierto modo, los homenajes a los héroes del bando nacional durante la guerra y tomó el protagonismo la religión, no resultó baladí precisamente que miembros de dicha comunidad fueran alcanzando mayor presencia en el gobierno, tampoco cayó por sorpresa el concordato con el Vaticano en 1953.

Por otra parte, la alianza militar con EUA llevo a un viraje en la sustancia y mensaje de las obras que se realizaron en esta época, todo por el reconocimiento del régimen en el exterior, la protección de los valores y costumbres cristianas y la incesante lucha contra el diabólico ateísmo; en este abordaje masivo del nacionalcatolicismo podemos citar obras como *La señora de Fátima,* también entraría en el lote *Sor intrépida,* y *La hermana Alegría,* una historia en la que la religiosa Consolación, quien labora en un reformatorio de mujeres descarriadas, se dedica a devolver por caminos decorosos a algunas chicas indecentes e impúdicas, con un a dudosa pedagogía.

En el año de 1954 se crea la película más famosa y célebre del franquismo, dirigida por Ladislao Vajda, excede los parámetros de elogio al catolicismo y al clero español, un éxito de taquilla con un número de espectadores en todo el mundo: *Marcelino, pan y vino.*

En la década de los sesenta el panorama cambió radicalmente, el intento de desmitificación de la guerra continuó y el franquismo siguió relajando el control frente a la libertad de expresión, contribuyó el empujón de cierta prosperidad que iba alcanzándose conforme avanzaban los Planes de Desarrollo Económico, el auge del turismo y el regreso de algunos insignes exiliados, como Luis Buñuel,[213] aunque fuera en forma de coproducción y con escándalos incluidos.

---

[213] «Las 5 películas de Luis Buñuel que aparecen en la lista de los 100 mejores filmes de habla no inglesa de la historia elaborada por la

En 1962 el Instituto de Investigaciones y Experiencias Cinematográficas se convirtió en Escuela Oficial de Cinematografía, en 1967 se permitieron las salas de arte y ensayo, aunque estaban destinadas a cinematografías extranjeras en versión original subtitulada; en los años setentas, terminó la oscura época que ensombreció y arruinó la vida de tantos españoles.

En el cine de denuncia y combate a los totalitarismos, autocracia y fascismo, entre las películas que consideramos más importante están las siguientes:

Roma, ciudad abierta: es la obra maestra de Roberto Rossellini, rodada íntegramente en las calles derruidas de la capital italiana y presentando, junto a actores consagrados, a personas comunes que aceptaron el desafío de ponerle el cuerpo a esta descarnada historia que fundó la corriente del Neorrealismo. La caótica situación en la capital italiana, de virtual carencia de normas y una población deprimida, le permitió al cineasta una inesperada libertad de trabajo y una bienvenida liberación de las garras de la censura.

Rosselini la hizo cámara en mano y utilizando medios paupérrimos, la cinta es un descarnado retrato del escenario que el autoritarismo provocó. El guion lo realizaron cuatro grandes de la cinematografía; Sergio Amidei, Alberto Consiglio, Federico Fellini y el propio Rossellini. Obtuvo el Premio del Círculo de Críticos de Cine de Nueva York a la mejor película extranjera en 1945.

Obra que además le abrió las puertas a realizar cine en el mundo entero, y el aplauso los expertos y críticos de cine más

---

BBC», *BBC News Mundo*, 20 de noviembre, 2018, <https://www.bbc.com/mundo/noticias-46095934>. Luis Buñuel es el más grande director de cine español de todos los tiempos, escribe el autor y crítico de cine estadounidense Jonathan Rosenbaum, entre las películas que el dirigió, están 5 de las 100 mejores películas de habla no inglesa, según la BBC.

importantes del orbe, Jean Luc Godard, José Luis Granier, Francöis Truffat, Bertolucci, George Sadoul y otros. Bernardo Bertolucci, dijo: "no se puede vivir sin ver a Rossellini".[214]

Novecento es una película italiana dirigida por Bernardo Bertolucci, basada en la novela del mismo nombre, escrita por Thomas Di Giovanni,[215] esta historia inicia con la referencia de los partisanos venciendo a las tropas alemanas en el norte de Italia, e inmediatamente después se centra en Italia al inicio del siglo XX, donde dos niños nacen en una finca del norte del país el mismo día, uno de ellos es el hijo de un campesino y el otro es el hijo del terrateniente dueño de dicha finca, a pesar de esto, se hacen amigos inseparables hasta que su amistad se ve truncada por la diferente visión que cada uno va adquiriendo del mundo, uno más afín a ideas izquierdistas y otro más cercano al movimiento fascista de Benito Mussolini; esta historia seguramente se repitió por miles de personas en ese país, dividido por Mussolini y las exclusiones sociales del fascismo.

Con este hilo argumental, *Novecento* hace un recorrido de forma magistral por el paso del tiempo en Italia, describiendo el surgimiento del fascismo, el auge del comunismo entre las clases obreras y el campesinado, la lucha de clases en su máximo esplendor, todo ello acompañado con una banda sonora del gran Ennio Morricone, a pesar de su larga duración (314 minutos) ha sido galardonada con numerosos premios, reconocimientos y aclamaciones en una época donde los atentados de la extrema derecha y las crisis políticas eran comunes en Italia.

---

214 Tap Gallagher, *The Adventures of Roberto Rossellini: His Life and Films*, (USA: Da capo press inc., 1998).

215 Thomas Giovanni, *Di, Novecento*, trad. Amparo García, (México: Editorial Grijalbo, 1977).

El Gran Dictador es una película dirigida y protagonizada por Charles Chaplin, cuyo mensaje es lamentablemente actual. El personaje principal es un barbero amnésico, que vive en un país ficticio; el joven barbero es judío y la pérdida de memoria es consecuencia de un accidente de aviación que sufrió en la Primera Guerra Mundial, luchando por este país que hoy le ha hecho enemigo, cuando despierta, desconoce totalmente la situación de su país, es un dictador fascista, ha subido al poder y ha comenzado una persecución sobre el pueblo judío al que culpa de los problemas de su país.

Aunque parece imposible hacer una comedia con semejante argumento que constituía la realidad germana, Charles Chaplin lo logra, creando una película que caricaturiza y pone en entredicho los argumentos más básicos del Partido Nacional Socialista Obrero Alemán. *El Gran Dictador* está considerado uno de los mejores largometrajes de la historia, así como una de sus más icónicas escenas, donde el protagonista pronuncia un discurso a favor de la igualdad y la justicia social que, por su grado de significación, es completamente atemporal.

La Lista de Schindler es película estadounidense, dirigida por Steven Spielberg, ganadora de 7 premios Óscar, incluida mejor película; traslada al espectador a la parte más dura del régimen nazi, el *Shoa* u Holocausto; narra la vida del empresario alemán Oskar Schindler, quien intenta tener una buena relación con el partido nazi para su propio beneficio económico, en un principio es totalmente ajeno a los horrores que le iban a esperar.

Logra obtener una fábrica en Cracovia con mano de obra judía, en un régimen de casi total esclavitud; con el paso del tiempo se da cuenta que la gente que está en la fábrica y los empleados que van contratando son salvados de una muerte casi segura en virtud de la realidad que se vivía en los campos de exterminio nazi. Schindler gastó en la vida real, toda su fortuna en comprar la mayor cantidad de mano de obra judía para salvarlos del destino que correrían en dichos campos de concentración, se ve obligado a tener que enfrentarse al propio régimen nazi y a vivir de primera mano sus atroces crímenes hasta su caída en 1945.

Mudbound, es una película estadounidense, dirigida por Dee Rees que centra su historia en dos hombres que han combatido en el ejército de EUA, lucharon contra el nazismo y vuelven a su hogar, situado en una zona rural de Mississippi, la diferencia de estos hermanos de armas radica en que uno es blanco y el otro es negro, eso no es obstáculo para que inicien una buena amistad, esta película hace reflexionar sobre cómo el fascismo no solo estaba presente en Alemania, ya que plantea los paralelismos que hay entre el racismo judío alemán y la segregación hacia la población negra, aun y cuando en el segundo país hayan servido al ejército de su país.

Imperium es una película estadounidense dirigida por Daniel Ragussis de reciente estreno, ha pasado bastante desapercibida para el público y la crítica especializada, aunque ha sido cuestionada en cuanto a calidad cinematográfica, está lejos de ser un clásico del género como los presentados anteriormente, pero describe muy bien el funcionamiento de los grupos neonazis. La película cuenta la historia de un agente del FBI, interpretado por el actor Daniel Radcliffe, que se infiltra en grupos terroristas neonazis en Estados Unidos, basada en la vida real de Michael German, quien durante años formó parte de este tipo de grupos.

La lengua de las mariposas es una película española de 1999, dirigida por José Luis Cuerda, con guion de Rafael Azcona, trata de una adaptación cinematográfica de tres cuentos escritos por Manuel Rivas, La lengua de las mariposas, Un saxo en la niebla y Carmiña, los cuales conforman una colección de relatos gallegos. En la película, Manuel Rivas recorre los últimos días de la república de Azaña y los primeros de la guerra civil a través de la mirada de un niño y de los habitantes de un pequeño pueblo en Galicia, protagonizada por Fernando Fernán Gómez, es una de las grandes películas del cine español.

Este contexto social y político, como telón de fondo, sirve para desarrollar la historia de un maestro de escuela de nombre don Gregorio de un pueblo del norte de Galicia y un avispado chico, llamado Moncho, que es su alumno. Los dos entablan una entrañable relación que se verá afectada por la llegada al poder de Francisco Franco en España; don Gregorio, a menudo una figura paterna para Moncho, será considerado enemigo del nuevo régimen, la amenaza política que supone esta relación irá abriendo una brecha entre ambos que resulta una perfecta alegoría del cisma que sufrió la sociedad española con el estallido de la guerra civil y cuyas consecuencias perduran hasta el día de hoy. Toda una lección de lo que unas ideas antidemocráticas impuestas por la violencia pueden llegar a provocar.

Diario de un Skin, realizada en el año 2005, está basada en el libro del mismo nombre, escrito por el periodista Antonio Salas, basado en hechos reales; narra la infiltración por parte de un periodista dentro del movimiento *skinhead neonazi* en la ciudad de Madrid. Con un increíble paralelismo y semejanza a *Imperium,* demuestra cómo está vivo el pensamiento y afanes neofascistas, quizás más agresivo e intolerante en la actualidad, ya que tienen redes entre empresarios, políticos con altos cargos, los ultras de fútbol, grupos clericales y un largo etcétera que envían un claro mensaje, no son solamente grupos agresivos compuestos por desadaptados sociales, sino que intentan hacerse del poder del estado, con patrocinios y una estructura sostenida y financiada por gente poderosa.

A pesar de sus carencias cinematográficas, está considerada una de las mejores películas que se han hecho sobre esta temática en el cine español, exhaustiva a la hora de establecer el relato del neofascismo y el neonazismo en España, hoy ampliamente representado por el Partido Vox[216] en el congreso español, con tentáculos en México y otros países del mundo.

La Ola es una película alemana escrita y dirigida por Dennis Gansel que, paradójicamente, logró cierta fama unos años después de su estreno, ya que pasó bastante desapercibida al no estar protagonizada por actores de reconocimiento ni contar con un gran presupuesto.

Cuenta la historia del profesor Wagner, quien tiene la idea de realizar un experimento social con la intención de que sus alumnos comprendan los regímenes totalitarios; en dicho experimento, Wagner convierte su clase en un grupo social que adopta las características del fascismo, como la adopción de un nombre, una imagen, un saludo o una forma de vestir comunes. Lo que comienza con un sencillo experimento didáctico, pronto empieza a írsele de las manos al profesor, que llega a replantearse la naturaleza de sus propias ideas.

La película está basada en un libro llamado *La Ola,*[217] escrito por Todd Strasser basado en un experimento real de-

---

216 Pedro Luis Angosto, «Vox y el fascismo español», *Nuevatribuna.es,* 19 de abril, 2021, <https://www.nuevatribuna.es/articulo/sociedad/vox-fascismo-espanol-dictadura-ultraderechapolitica/20210419190717186835.html>. El autor ha señalado: "La tolerancia con el fascismo, en cualquiera de sus versiones, socava los cimientos de la democracia y abre un futuro tenebroso para todos".

217 Todd Strasser, *La ola,* (México: Blackie books, 2022). En 1969, en un instituto de California, un profesor puso en marcha el experimento educativo más controvertido de la Historia: creó un movimiento entre sus alumnos, al que bautizó La Ola, para ilustrar el

nominado Tercera Ola llevado a cabo en 1967 por el profesor Ron Jones en una escuela de Palo Alto, California.

La mort de Guillem[218] narra la vida de Guillem un joven español con una convicción democrática, que el 11 de abril de 1993, fue asesinado por un grupo de extrema derecha mientras estaba de acampada con sus amigos en la localidad de Montanejos, en la provincia de Castellón.

Este es el inicio de la lucha de la familia Agulló frente al poder de la extrema derecha en España, enraizada en la sociedad y las estructuras de poder en un país que intenta vender una transición de la dictadura franquista a la democracia, aunque en realidad no han sido superados ni olvidados los muertos, la persecución policiaca, la violencia contra los republicanos y los miles de desaparecidos, por lo continua una sociedad como modélica tras unos años realmente convulsos y plagados de violencia política.

Arde Mississippi, dirigida por Alan Parker y protagonizada por Gene Hackman y Willem Dafoe traslada al espectador a un pueblo del sur de EUA en 1964, donde el racismo y el Ku Klux Klan, campean hasta la actualidad a pesar de ser las peores expresiones de la exclusión social.

La película arranca con la desaparición en dicha zona de tres activistas de los derechos humanos, dos de ellos caucásicos y un afroamericano, para averiguar qué ha sucedido con ellos,

---

auge del nazismo en Alemania y los terribles acontecimientos que este trajo consigo, creía tenerlo bajo control, pero se equivocaba, las consecuencias de dicho experimento se recogen en este libro escalofriante, vertiginoso y revelador. Una lección precisa, más vigente que nunca: la Historia, siempre, encuentra la forma de repetirse.

218 Ángel Salguero, «La mort de Guillem, un retrato íntimo del dolor de una familia», El Mundo, 11 de septiembre, 2020, <https://www.elmundo.es/comunidad-valenciana/2020/09/11/5f5ac498fdddff5c978b45a2.html>.

el FBI envía dos agentes, quienes desde sus personales perspectivas tratan de dar solución al creciente problema social.

Sin lugar a dudas, la interpretación, magistral guion y fotografía, la han convertido en todo un clásico que refleja las miserias del racismo estructural de EUA y el funcionamiento de uno de los grupos ultraderechistas más singulares, enigmáticos y conocidos del mundo.

V de Vendetta es una historia que comienza el 4 de noviembre en un futuro ucrónico, en el que, el Reino Unido es gobernado por un partido dictatorial ultraconservador y fascista llamado Fuego Nórdico, al frente del cual se encuentra el líder Adam Sutler; Evey Hammond una mujer que trabaja para la British Television Network, la cadena gubernamental de televisión, es atacada por dos miembros de la policía secreta que la acusan de violar el toque de queda.

Sin embargo, acaba siendo salvada por un extraño individuo enmascarado que se hace llamar "V" y que la lleva a un tejado para presenciar la destrucción del edificio Old Bailey, organizada por él, a la mañana siguiente, el régimen informa que el incidente fue una demolición planeada con anterioridad, pero "V" toma la cadena BTN, para enviar un mensaje en el que se otorga la autoría del atentado y pide a la población que le acompañen el 5 de noviembre del siguiente año a destruir el Parlamento del Reino Unido.

Morir en Madrid o *Mourir à Madrid* es un documental sobre la guerra civil española, se realizó durante los años 1962 y 1963 en la propia España, con la autorización de la dictadura franquista, quien puerilmente pensó que sería de propaganda a favor del fascismo, la dirección estuvo a cargo del francés Frédéric Rossif y el guion lo elaboró Madeleine Chapsal, la música es de Maurice Jarre y la fotografía de Georges Barsky, el reparto son hombres y mujeres que intervinieron en la guerra civil de alguna manera.

Propinó un duro golpe a Franco,[219] no sólo por las atrocidades que revelaban las imágenes jamás vistas hasta la fecha; también, por poner en ridículo a la dictadura, el documental que desenmascaró al régimen, se pudo ver en España hasta 1978, libre de censura, además de convertirse en una pieza histórica imprescindible, se alzaba como símbolo de la resistencia antifranquista.

Narra el asesinato del poeta Federico García Lorca, el encierro de Miguel de Unamuno, la matanza de Guernica por el Escuadrón Cóndor alemán, la conspiración de Mussolini y el envío de 70,000 soldados italianos, la contratación de más de 70,000 mercenarios marroquíes por Franco, el heroísmo de las brigadas internacionales, pero sobre todo el empobrecimiento del pueblo español, los despilfarros y beneficios a favor del alto clero español.

Sierra Teruel,[220] la película retrata la lucha de los republicanos españoles contra el ejército franquista; cuando el 27 de diciembre de 1936, a pocos meses del estallido de la guerra civil española, es derribado uno de los aparatos que formaban una escuadrilla aérea perteneciente a las brigadas internacionales sobre el término municipal de Valdelinares, en Teruel.

El guion está basado en la novela *L'Espoir* (*La esperanza*) de André Malraux, quien también dirigió la película, *Max Aub*[221] se encargó de traducir los diálogos al español, seleccio-

---

219 Frédéric Rossif, *Morir en Madrid*, <https://www.youtube.com/watch?-v=iMyT53vjw-o&t=295s>.

220 Sierra de Teruel (1938), dirigida por André Malraux, 1 de enero, 1938, <https://www.rtve.es/play/videos/filmoteca/sierra-de-teruel-1938/3918025/>.

221 Fue un escritor español de origen francés y alemán. Tras la guerra civil española se exilió en México, país del que tomó la nacionalidad y en el que vivió hasta su muerte. Se gana la vida gracias al periodismo, escribiendo en los diarios Nacional y Excelsior, y también en

nar a los actores y buscar localizaciones, la mayor parte del rodaje se llevó a cabo en Cataluña, fue estrenada en París en 1945 y no vio la luz en España hasta 1977.

En el Estado español el cine fue uno de los pocos medios que permitieron recuperar la memoria de los que perecieron defendiendo la República y luchando por el socialismo, pero sobre todo por el gobierno legítimo, uno de los ejemplos más destacables es la película de Benito Zambrano, *La voz dormida.* Película ambientada en una cárcel de mujeres, en los primeros tiempos de la posguerra que nos muestra la crudeza de la represión política, la heroica resistencia de grupos revolucionarios organizados en los montes y la lucha propagandística en las cárceles. Las verdaderas protagonistas de esta trama son las mujeres resistentes de la represión política y de la represión sexual impuestas por el régimen fascista.

Paisá es una película italiana de guerra dirigida por Roberto Rossellini, la segunda de la trilogía formada por; *Roma, ciudad abierta; Paisà* y *Alemania, año cero.* Se divide en seis episodios y se sitúa en la campaña italiana durante la Segunda Guerra Mundial, cuando Alemania perdía la guerra contra los aliados, un tema que aborda son los problemas de comunicación a causan las barreras lingüísticas.

Alemania, año cero fue grabada en las calles de Berlín en el año 1947, es la tercera obra de la famosa trilogía de Roberto Rossellini, del género del neorrealismo italiano, el escenario es de terror, calles, casas y edificios derruidos, las personas viven por necesidad en hacinamiento, una familia aporta el techo, otra los vales de comida, una más un vehículo

el cine ejerciendo de autor, coautor, director, traductor de guiones cinematográficos y profesor de la Academia de Cinematografía. En 1944 es nombrado secretario de la Comisión Nacional de Cinematografía.

comunal, todo lo que tenían los alemanes en el esplendor del régimen nazi.

Las barreras de la moralidad, la decencia, incluso de la dignidad personal se rompen ante el hambre, la ocupación militar de las tropas aliadas y la vergüenza nacional, alguna mujer se prostituye para obtener alimentos, se hace comercio con todo, incluso lo íntimo y personal, los niños dejan de serlo a temprana edad, la guerra los ha envejecido prematuramente y aparece la eutanasia, dedicada a un abuelo que nada tiene y nada produce, una obra de arte en medio del caos provocado por la Segunda Guerra Mundial.

Gallagher ha escrito que, mientras filmaba en las calles de Berlín, Rossellini quedó asombrado por la indiferencia hacia el equipo de filmación de la gente de la calle, que estaba demasiado preocupada por intentar conseguir comida y sobrevivir.[222]

La caída de los dioses dirigida por Lucchino Visconti, condenó el fascismo como instrumento del capital para la defensa de sus intereses, consigue crear una película de dimensiones épicas, en la que nos muestra la vida bacanal y cínica de los dirigentes del fascismo frente a una realidad social radicalmente opuesta.

La acción transcurre en la Alemania de la República de Weimar y representa los desastrosos efectos del ascenso del nazismo en una familia aristocrática de industriales alemanes, los Von Essenbeck, que comienza a hacer negocios con el partido nazi, la noche del incendio del Reichstag, del 27 al 28 de febrero de 1933, el patriarca de la familia, el barón Joachim von Essenbeck, quien representa a la vieja Alemania aristocrática y detesta a Hitler es asesinado.

---

[222] Tap Gallagher, *The Adventures of Roberto Rossellini: His Life and Films,* (USA: Da capo press inc., 1998).

Herbert Thalmann, el vicepresidente de la compañía familiar, quien se opone abiertamente a los nazis, es culpado del crimen, escapa de las garras de la Gestapo, pero no corren su misma suerte sus hijas ni su esposa, Elizabeth, que es pariente del viejo barón morirá en el campo de concentración de Dachau, mientras sus hijas se salvarán a cambio de la entrega de su padre a la Gestapo.

Tierra de España es una película documental, con objeto de propaganda a favor de la república española del año de 1937, fue dirigida por el cineasta neerlandés Joris Ivens, con un guion escrito por los reconocidos escritores estadounidenses John Dos Passos y Ernest Hemingway, narrada por Orson Welles y con música compuesta por Marc Blitzstein y arreglada por Virgil Thomson.

El documental se compone de una estructura en tres partes; el núcleo central lo constituye la guerra civil, representada por dos hechos concretos, la defensa de Madrid, que incluye la resistencia organizada y la vida ciudadana bajo las bombas y combates en torno a la carretera de Valencia, que los militares sublevados quieren cortar para aislar así a la población de la capital.

El segundo elemento se trata de la lucha de los habitantes de Fuentidueña de Tajo, para regar las tierras y asegurar el abastecimiento de víveres a los combatientes, el tercer elemento, es el personaje de Julián, con sus brevísimas apariciones, sirve para hilvanar la narración, la conclusión es clara, es el mismo pueblo, un sólido pueblo, el que lucha contra la sublevación.

La batalla por el pan es la batalla por la libertad, y a la inversa, con las armas y la azada, el pueblo lucha de modo unitario por defender la tierra, esta película se proyectó por primera vez en España en 1938 y se pudo volver a ver hasta 1977, dos años después de la muerte de Franco.

El ejército del crimen o *L'Armée du crime*, fue dirigida por Robert Guédiguian, con guion de Serge Le Péron y Gilles Taurand, en París, el poeta obrero Missak Manouchian encabeza un heterogéneo grupo de 23 partisanos; 22 hombres y una mujer, que luchan clandestinamente contra el ejército alemán que ha ocupado Francia, la esperanza es recuperar la libertad.

La información sobre sus osadas acciones, que incluyen el asesinato de un general de las SS, termina por llegar a Berlín, siguiendo órdenes de la Gestapo, la policía francesa y los colaboracionistas asediarán a Manouchian y a sus compañeros de la Resistencia.

La voz dormida es una película dirigida por el español Benito Zambrano, basada en la novela homónima de Dulce Chacón, se rodó en 2011, principalmente en la antigua cárcel de Huelva; trata de la represión franquista durante la posguerra española a través de la vida de Pepita, una andaluza que se instala en Madrid donde está encarcelada su hermana, Hortensia, que está embarazada y dará a luz en la cárcel, Pepita se enamora de un guerrillero y tratará por todos los medios de hacerse cargo de la hija de su hermana condenada a muerte.

Finalmente, respecto de las autocracias en América Latina, cabe hacer mención de algunas perspectivas desde la cinematografía. Las autocracias latinoamericanas del siglo XX se parecen a los regímenes fascistas de Europa; Alemania, Italia y España, influyeron de manera excepcional e intencional, en el desarrollo de sus modelos de gobierno, sin embargo, nos parece que debemos reconocer que en nuestro continente, la intervención cultural y propagandística especial del gobierno de Washington y muy particularmente el *macartismo,*[223] que en

223 Samuel Schmidt, Xóchitl Patricia Campos López, y Diego Martín Velázquez Caballero, «Macartismo Y Cine. La ultraderecha y el Va-

primer lugar padeció el propio EUA, persiguiendo intelectuales, cineastas, artistas, políticos liberales y líderes sociales; posteriormente contaminó a todos los países desde México, hasta la Patagonia.

Esto incrementó con rabia y sin pudor, a partir de la revolución cubana en 1959 y el establecimiento de vínculos entre los cubanos y la Unión Soviética; ante lo cual, cualquier expresión que el departamento de estado estadounidense, o cualquiera de sus agencias de espionaje y control social; percibieran como socialista o comunista, eran y siguen siendo atacadas a través de diversas acciones que han incluido golpes de estado, asonadas militares, asesinatos, tortura y desapariciones forzadas.

El fascismo latinoamericano resulta de la fusión del fascismo europeo y la paranoia estadounidense sobre los riesgos del avance del virus soviético, la exclusión social en estos países es diferente, ya que, es en contra de los indígenas y mestizos, un resabio de la época colonial, el antisemitismo es heredado, por un lado de los controles impuestos por España, y por otro, de una de las más pueriles teorías conspiracioncitas, que asumen una trilogía perversa y enemiga del mundo occidental, la integrada por comunistas, masones y banqueros judíos.

---

ticano creando una época de obscuridad en Estados Unidos», *Estudios Políticos,* núm. 56, mayo (2022), <https://doi.org/10.22201/fcpys.24484903e.2022.56.82565>. Estados Unidos tiene una larga historia anticomunista; sin embargo, en el siglo XX esa postura se cruzó con la geopolítica de la ultraderecha y la Internacional Negra, que influyeron en el aparato legislativo de Estados Unidos para desatar una histeria anticomunista cuya expresión más destacada fue el Macartismo, que representó una persecución contra los comunistas, centrándose en la industria del cine. La doctrina que guio la geopolítica del Vaticano fue el Intermarium, con un efecto de gran alcance simbólico y geográfico.

La iglesia ha sido, si no socia, al menos facilitadora para el éxito de estos regímenes, en la medida que ha sido beneficiaria de ciertos privilegios y prebendas, además de que comparten el anticomunismo, la protección de la propiedad privada y el antisemitismo; a lo que se suma que, culpan de ciertas normas y leyes a los políticos liberales a quienes equiparan a socialistas, ateos y masones, entre las políticas que el clero aborrece están el matrimonio igualitario, la despenalización del aborto, el uso del término género y otras más igualmente incomprensibles.

Durante las dictaduras militares, las más similares a las fascistas europeas, en cuanto a su organización, la existencia de un líder único, una militarización del país, una intensa actividad de represión policiaca, la persecución a intelectuales, el asesinato o desaparición de opositores, el establecimiento de vínculos diplomáticos y convenios con el Vaticano.

Paraguay tuvo una dictadura con Stroessner, que ha sido la más sangrienta de América y la punta de lanza del gobierno de Washington para intervenir en el resto de países de la región, sobre todo con el Plan Cóndor. Como dato anecdótico, el único santo uruguayo, San Roque González, fue nombrado santo por Juan Pablo II en 1988 en una de sus visitas a Stroessner, al lado de dos sacerdotes españoles, que vivieron en Uruguay.[224]

Durante el periodo Stroessner no hubo interés por la industria del cine, el primer paraguayo en grabar un cortometraje fue Hipólito Carrón en 1952 llamada *Alma paraguaya*, con una duración de 10 minutos. En 1932, el fotógrafo argentino Roque Funes grabó el primer largometraje docu-

---

[224] «Beata San Roque Gonzales de Santa Cruz», ACI prensa, 2023, <https://www.aciprensa.com/santos/paraguay/santpara.htm>.

mental en Paraguay, titulado *En el infierno del Chaco*, que además fue la primera película hecha en Paraguay en implementar una banda de efectos sonoros y ruidos ambientales.

El primer largometraje de producción íntegramente paraguaya, fue la película *Cerro Corá*, producida en 1978. La única película paraguaya sobre la dictadura militar se realizó en el año 2019, *Matar a un muerto*, dirigida por Hugo Giménez, trata de un drama, sobre dos enterradores de personas asesinadas por la dictadura militar, quienes reciben el cuerpo de un hombre que aún está vivo, pero jamás han matado a nadie, lo que les lleva a una reflexión ética, la obra resultó ser exitosa, pero en realidad no se hace una denuncia formal de la barbarie sufrida durante casi cuatro décadas en ese país.

Argentina es, junto con México y Brasil, uno de los tres países con la producción cinematográfica más grande de Latinoamérica, pero en el caso de películas tanto de promoción de las dictaduras, como de la denuncia a ellas, es el primero en número e importancia en este rubro.

En el ámbito latinoamericano existe una enorme producción cinematografía que aborda y denuncia la autocracia y el abuso de las dictaduras militares. Dejamos para otra ocasión e rastreo y el recuento de estas películas, pues ameritan su propio ensayo. Sólo nos queda señalar que el arte cinematográfico latinoamericano es amplísimo y de calidad excepcional, lo cual da testimonio de la importancia que desde la cultura se le da al tema de la autocracia. El tema no es menor, pues hemos señalado las nefastas repercusiones que traen los regímenes totalitarios para el arte la ciencia y la cultura. La expresión artística es, por definición, expresión de la libertad y autonomía, pero también de la igualdad y la fraternidad. Por ello, levantamos la voz frente a las tentaciones fascistoides –bien podríamos llamarle fascismo trasnochado– de ciertos actores políticos y sectores de la sociedad. Asistimos a un museo de grandes novedades, donde los horrores que ahí se exhiben quieren cobrar vida nuevamente. Con educación, arte, cultura y una fuerte convicción humanista, no lo permitiremos.

VIII. BIBLIOGRAFÍA

«10 de abril de 1919, Asesinato de Emiliano Zapata». Secretaria de la Defensa Nacional, 1 de abril, 2019. <https://www.gob.mx/sedena/documentos/10-de-abril-de-1919-fallece-emiliano-zapata>.

«Abelardo L. Rodríguez, ¿quién fue y qué hizo?». México desconocido, 2023. <https://www.mexicodesconocido.com.mx/abelardo-l-rodriguez.html>.

Aguilar Flores, Juan Manuel. «El diezmo eclesiástico colonial». *La tribuna,* 28 de enero, 2017. <https://www.latribuna.hn/2017/01/28/diezmo-eclesiastico-colonial/>.

Aguilar, Rubén. «La guerrilla en México, una historia no contada». *Animal político,* 18 de abril, 2021. <https://www. animalpolitico.com/lo-que-quiso-decir/la-guerrilla-en-mexico-una-historia-no-xontada/>.

Avakian, Bob. «¿Qué es el fascismo?». *Periódico Revolución,* 8 de diciembre, 2016. <https://revcom.us/a/468/que-es-el-fascismo-es.html>.

Alcántara Navarro, Mónica. «Jóvenes católicos, militancia y redes anticomunistas en la década de 1970: el caso del Consejo Nacional de Estudiantes». *Contemporánea. Toda la historia en el presente,* vol. 9, núm. 17, enero-junio (2022). <https://con-temporanea.inah.gob.mx/del _oficio_monica_alcantara_num11>.

«Alfredo Stroessner, el dictador más sangriento de la historia de Paraguay». *Notimérica,* 16 de agosto, 2017. <https://www.notimerica.com/sociedad/noticia-alfredo-stroessner-dictador-mas-sangriento-historia-paraguay-20170816071439.html>.

Alonso, José. «México: Contrarrevolución neoliberal y relaciones con el Vaticano». Revista Desafíos, núm 4-5 (2001): 215-27. <https://revistas.urosario.edu.co/index.php/desafios/article/view/5922/3906>.

Amiguet, Teresa. «Joseph McCarthy, el cazador cazado». La Vanguardia. Hemroteca, 2 de diciembre, 2019. <https://www.lavanguardia.com /hemeroteca/20191202/471993039732/joseph-maccarthy-senado-estados-unidos.html>.

Anaya, Martha. «La muerte de Carlos Alberto Madrazo fue un crimen político». Unotv.com, 25 de febrero, 2020. <https://www.unotv.com/videoblogs/opinion/martha-anaya/detalle/la-muerte-de-carlos-alberto-madrazo-fue-un-crimen-poltico-379836/>.

«Andreu Almazán, Juan Isidro». Enciclopedia Guerrerense. Guerrero Cultural Siglo XXI, A.C., 11 de marzo, 2020. <https://enciclopediagro.mx/biografias/andreu-almazan-juan-isidro/>.

Angosto, Pedro Luis. «Vox y el fascismo español». *Nuevatribuna.es*, 19 de abril, 2021. <https://www.nuevatribuna. es/articulo/sociedad/vox-fascismo-espanol-dictadura-ultraderechapolitica/202104 19190717186835.html>.

«Así fue la muerte de Pancho Villa, el héroe revolucionario al que acribillaron por sorpresa». Muy interesante, (2023). <https://www.muyinteresante.com.mx/historia/1156.html>.

Ayala, Rodrigo. «Así fue la muerte de Pancho Villa, el héroe revolucionario al que acribillaron por sorpresa». Muy interesante, 20 de julio, 2022. <https://www.muyinteresante.com.mx/historia/1156.html>.

Batiz Vazquez, Bernardo. «El Foro Democrático y el PAN». *El periódico de México*, 14 de enero, 2013. <https://elperiodicodemexico.com/nota.php?id= 651179>.

Batiz, Bernardo. «El PAN y el Foro Democrático». *Hilodirecto,* 15 de enero, 2013. <http://hilodirecto.com.mx/el-pan-y-el-foro-democratico/>.

«Beata San Roque Gonzales de Santa Cruz». ACI prensa, 2023. <https://www.aciprensa.com/santos/paraguay/santpara.htm>.

Becerril, Andrés. «'Aquí no pasó nada'; mensaje de México después de la matanza de Tlatelolco». *Excelsior,* 3 de octubre, 2018. <https://www.excelsior.com.mx/nacional/aqui-no-paso-nada-mensaje-de-mexico-despues-de-la-matanza-de-tlatelolco/1269094>.

Bél, Ani. Ver moros con trinchetes. Dichos y refranes, 7 de noviembre, 2018. <https://www.dichosyrefranes.net/553-ver-moros-con-tranchetes.html>.

Blancarte, Roberto. «Prigione y el poder». *Milenio,* 31 de mayo, 2016. <https://www.milenio.com/opinion/roberto-blancarte/perdon-pero/prigione-y-el-poder>.

Bobbio, Norberto, N. Matteucci y G. Pasquino. Fascismo. Extraído de Diccionario de Política. México: Ed. Siglo XXI,1993. <https://es.scribd.com/doc/165272628/ Bobbio-Norberto-fascismo-pdf>.

Braderman, Eugene. *A study of political parties and politics in Mexico since 1890,* Estados Unidos de América: University of Illinois, 1938.

Brecht, Bertolt. «Las cinco dificultades para decir la verdad». La caja de herramientas. Biblioteca Virtual de la Unión de Juventudes Comunistas de España, 1934. <https://archivo.juventudes.org/bertolt-brecht/las-cinco-dificultades-para-decir-la-verdad>.

Brtckmeyer, Fernando. «Opinión: Lo que Bolsonaro cree de la homosexualidad». Expansión, 3 de noviembre,

2018. <https://expansion.mx/opinion/2018/11/03/opinion-lo-que-bolsonaro-cree-de-la-homosexualidad>.

«Book Burnings in Germany, 1933». American Experience, 2023. <https://www.pbs.org/wgbh/ americanexperience/features/goebbels-burnings/>.

Calsapeu Losfeld, Brice. «No todo lo que brilla es oro: apuntes sobre la naturaleza del sinarquismo mexicano, en Tzintzun». *Revista de estudios históricos,* núm. 61, enero-junio (2015): 130-62. <https://www.scielo.org.mx/scieo.php?script=sci_arttext&pid=S1870-719X2015000100004>.

Cambridge Dictionary. Inglaterra: Cambridge University Press & Assessment, 2023, <https://dictionary.cambridge.org/es/diccionario/ingles/continuum>.

Capistrán Garza, René. «Manifiesto a la Nación». Arzobispado de Guadalajara. <https://arquidiocesisgdl. org/boletin/2009-1-9.php>.

Carmona Dávila, Doralicia. «Cárdenas expulsa a Calles del país por su intervención constante en la dirección de la política nacional. Abril 10 de 1936». Memoria Política de México, 2023. <http://www.memoriapoliticademexico.org/Efemerides/ 4/10041936.html>.

—,«Dwight Whitney Morrow». Memoria Política de México, 2023. <http://www.memoriapoliticademexico.org/Biografias /MDW73.html>.

—,«1924 Carta de Robert Lansing». Memoria Política de México, 2023

Carpentier, Alejo. El siglo de las luces, España: Editorial Espasa Calpe, 2007.

«Carta Encíclica Divini Redemptoris, Del Sumo Pontífice Pío XI, sobre el Comunismo Ateo, 19 de marzo de 1937».

World Documents, 2022. <https://vdocuments.pub/carta-enciclica-divini-redemptoris.html>.

«Carta Encíclica León XIII, 28 de diciembre de 1878, Quod Apostolici Muneris. Sobre el socialismo, comunismo, nihilismo». Catholic.net, 2023. <https://es.catholic.net/op/articulos/32227/cat/627/quod-apostolici-muneris-leon-xiii.html#modal>.

Castro, Pedro. «Antonio Díaz Soto, agrarista». *Revista Polis,* vol. 18, núm. 2, julio-diciembre (2022): 257-82. <https://polismexico.izt.uam.mx/index.php/rp/article/view/535/531>.

Cazals, Felipe. CANOA (Memoria de un Hecho Vergonzoso), 1976. < https://youtube.com/watch?v=u6-UaMf3cw4>.

«Chiapas no faltará un solo día de mi vida: Cuando José Saramago conoció al EZLN». Cultura Colectiva, 17 de marzo, 2023. <https://culturacolectiva.com/letras/jose-saramago-chiapas-ezln-mexico/>.

Cirilo Ortiz, Alejandro. *Laicidad y reformas educativas en México: 1917-1992.* México: Instituto de Investigaciones Jurídicas-UNAM, 2015.

Código de Derecho Canónico. <https://www.vatican.va/archive/cod-iuris-canonici/esp/documents/cic_libro2_cann208-223_sp.html>.

«Comes y te vas, la anécdota entre Vicente Fox con Fidel Castro». CNN Latinoamérica, 26 de noviembre, 2016. <https://cnnespanol.cnn.com/2016/11/26/comes-y-te-vas-la-anectoda-entre-vicente-fox-con-fidel-castro/>.

Concostrina, Nieves. Menudas historias de la Historia. Barcelona, España: La Esfera de los libros, 2009.

Constituciones Argentinas: Compilación histórica y análisis doctrinario. 1era edición.

Coordinado por Natalia Monti. Argentina: Infojus-Sistema Argentino de Información Jurídica, 2015.

Constitución de Apatzingán. <https://www.ensayistas.org/identidad/contenido/ politica/const/mx/apatzingan.htm#2>.

Constitución Política de los Estados Unidos Mexicanos. *<https://www.diputados.gob.mx/LeyesBiblio/pdf/CPEUM.pdf>*

Constitución Política del Perú 1867. <https://www.deperu.com/abc/constituciones/239/constitucion-politica-del-peru-1867>.

Constitución Política de la Republica Peruana 1823, <https://www4.congreso.gob.pe/dgp/constitucion/constituciones/ Constitucion-1823.pdf>Constitución Política Y Permanente Del Estado, < https://www.elhistoriador.com.ar/la-constitucion-de-1819/>.

Córdova, Eilidibeth. «Directores españoles de cine: los 25 mejores directores y cineastas españoles de la historia». *Cinconoticias*, 9 de marzo, 2022. <https://www.cinconoticias.com/directores-espanoles-de-cine/>.

«¿Cuántas hectáreas de terreno tiene la UNAM?». Todo sobre el alumnado, 2023. <https://unate.org/educacion/cuantas-hectareas-de-terreno-tiene-la-unam.html>.

Cuarón Alfonso. *Roma.* 2018. <https://www.filmaffinity.com/es/film850453.html>.

Cuerda, José Luis. La lengua de las mariposas. 1999. <https://www.filmaffinity.com/es/film545489.html>.

De Diego Cerezo, Milagros. «Decenas de miles de republicanos represaliados fueron mano de obra forzada en la España franquista» Rtve, 14 de junio, 2022. <https://www.rtve.es/noticias/20220614/miles-republicanos-trabajaronforzadamente-franquismo/2355881.shtml>.

Decap, Alejandra. «Ideas de Izquierda. Bertolt Brecht: fascismo, terror y miserias revisitadas». *La izquierda diario. PTS en el frente de Izquierda,* 9 de noviembre, 2018. <https://www.laizquierdadiario.com/Bertolt-Brecht-fascismo-terror-y-miserias-revisitadas-118051>.

Declaración de los Derechos del Hombre y del Ciudadano, < https://www.cndh.org.mx/index.php/noticia/se-aprueba-la-declaracion-de-los-derechos-del-hombre-y-del-ciudadano#:~:text=El%2026%20de%20agosto%20de,las%20Naciones%20Unidas%20en%201948.>

Declaración de Derechos de Virginia, <http://www.amnistiacatalunya.org/ edu/docs/e-hist-Virginia.html>

Declaración Universal de los Derechos Humanos. <https://www.un.org/es/universal-declaration-human-rights/>.

Decreto S 258/1977. <https://www.boletinoficial.gob.ar/detalleAviso/primera/90675/20130716>.

DECRETO S 3128. <https://leyesargentinas.com/norma/217376/decreto-s-3128-decretos-secretos-y-reservados-libro-los-dignos-prohibese#normas-modificatorias>.

Definiciona. «Definición y etimología de Inculturación». Definiciona.com, 25 de enero, 2017. <https://definiciona.com/incultura/>.

Degà, Abel. «Así es el programa de Hermanos de Italia, el partido de Giorgia Meloni». *El Nacional.cat,* 26 e septiembre, 2022. <https://www.elnacional.cat/es/internacional/programa-hermanos-italia-partido-giorgia-meloni_890133_102.html>.

Delgado Gómez, Álvaro. «Las ligas de René Bolio van a El Yunque, Zavala, Gómez del Campo y, claro, al PAN». *Sinembargo.mx,* 14 de julio, 2021. <https://www.sinembargo.mx/14-07-2021/4001015>.

De la Hera, Alberto. «La desamortización de bienes eclesiásticos bajo el regalismo». Universidad Complutense de Madrid. <https://dadun.unav.edu/bitstream/10171/17167/1/IC_Especial_81.pdf>.

«De la Madrid, marcado por la crisis y el fraude», *El Economista,* 1 de abril, 2012. < https://www.eleconomista.com.mx/noticia/De-la-Madrid-marcado-por-la-crisis-y-el-fraude-20120401-0007.html>.

De la O Torres Rodrigo Alejandro y Salvador Camacho Sandoval. «Comunistas y estudiantes en el Sol del Centro. La construcción social del miedo político durante el movimiento del 68». *Revista de El Colegio de San Luis* Núm, 20 (2019). <http://elintegristamejicano.blogspot.com/2012/05/personajes-de-neustra-historia-rene.htm>.

De Rosenzweig-Diaz, Alfonso. «La política internacional de México». *Universidad de México,* vol. XIII, núm. 3, noviembre (1958).

«Después de 22 años, se devalúa el peso». *Revista Siglo mexicano.* <http://www.cursosinea.conevyt.org.mx/cursos/mexico/contenidos/recursos/revista2/1976.htm>.

Díaz Domínguez, Alejandro. «Religión y política en México». *Este País,* 1 de abril, 2012. <https://archivo.estepais.com/site/2012/religion-y-politica-en-mexico/>.

EFE. «Genaro García Luna, con 3 órdenes de detención; estos son los delitos que se le imputan». *Altonivel,* 17 de juni, 2022. <https://www.altonivel.com.mx/actualidad/genaro-garcia-luna-con-3-ordenes-de-detencion-estos-son-los-delitos-que-se-le-imputan/>.

Egido López, Teófanes. «El Regalismo y las relaciones Iglesia-Estado en el siglo XVIII». En *Historia de la Iglesia en España.* Coordinado por Antonio Mestre Sanchis, 125-254. (España: Biblioteca de Autores Cristianos 1979).

Einsenstein, Sergio. *El sentido del cine.* 3ª edición. México: siglo XXI editores, 1974.

«El Bibliocausto español, la quema de libros por el franquismo durante la guerra y la posguerra». *elDiario.es.* <https://www.eldiario.es/sociedad/bibliocausto-espanol-quema-libros-franquismo-durante-guerra-posguerra_1_6430284.html>.

El hedonismo. Unión Soviética: Diccionario soviético de filosofía, 2017. <https://www.filosofia.org/enc/ros/hed.htm>.

«El programa político de Vox: desmontar la red de Igualdad, abandonar los acuerdos climáticos, recentralizar competencias». *El país,* 7 de julio, 2023. <https://elpais.com/espana/elecciones-generales/2023-07-07/el-programa-de-vox-desmontar-la-red-de-igualdad-abandonar-los-acuerdos-climaticos-recentralizar-competencias.html>.

«El Tribunal de La Haya o Corte Penal Internacional». Jurides, 2023. Consultado el <https://www.jurides.com/el-tribunal-de-la-haya>.

«Entrevista a Victoria Uroz (II): "El Yunque es un desafío que no tiene precedentes en la historia de la Iglesia"». Forum Libertas, 21 de junio, 2022. *<https://www.forumlibertas.com/hemeroteca/entrevista-a-victoria-uroz-ii-el-yunque-es-un-desafio-que-no-tiene-precedentes-en-la-historia-de-la-iglesia/>*.

Equipo editorial Etecé. «El milagro mexicano». Concepto, 5 de agosto, 2021. <https://concepto.de/milagro-mexicano/>.

Equipo Editorial de Indeed. «Liderazgo autocrático: ventajas, desventajas y características». Indeed, 5de diciembre de 2022. <https://mx.indeed.com/orientacion-profesional/desarrollo-profesional/liderazgo-autocratico>

Escontrilla Valdez, Hugo Armando. «Iglesia católica y sociedad civil: tensiones y rupturas». *Política y Cultura*, núm. 38, otoño (2012): 67-86. <http://www.scielo.org.mx/pdf/polcul/n38/n38a5.pdf>.

Esquivel, Beatriz. «La mujer que sobrevivió a la matanza del 68 y contó el secreto al mundo». Cultura Colectiva, 17 de marzo, 2023. <https://culturacolectiva.com/historia/oriana-fallaci-periodista-matanza-de-tlatelolco-68/>.

Fallaci, Oriana. *La rabia y el orgullo.* Madrid: La esfera de los libros, 2009.

Fernández, Tomás y Elena Tamaro. «Alessandro Blasetti». Bibliografías y vida. La enciclopedia biográfica, 2004. <https://www.biografiasyvidas.com/biografia/b/blasetti.htm>.

—, «Georg Wilhelm Pabst». Biografías y Vidas. La enciclopedia biográfica en línea, 2004. <https://www.biografiasyvidas.com/biografia/p/pabst.htm>.

—, «Biographia de Jonathan Swift». Biografías y Vidas. La enciclopedia biográfica en línea, 2004. <https://www.biografiasyvidas.com/biografia/s/swift.htm >.

Fernández, Tomás y Elena Tamaro. «Pierre Choderlos de Laclos». Biografías y Vidas. La enciclopedia biográfica en línea, 2004. <https://www.biografiasyvidas.com/biografia/l/laclos.htm>.

—, «Primo Levi». Biografías y Vidas. La enciclopedia biográfica en línea, 2004. <https://www.biografiasyvidas.com/biografia/l/levi_primo.htm>.

—, «Theodore, Adorno». Biografías y Vidas. La enciclopedia biográfica en línea, 2004. <https://www.biografiasyvidas.com/biografia/a/adorno.hm>.

—, «Walter Ruttmann». Biografías y Vidas. La enciclopedia biográfica en línea, 2004. <https://www.biografiasyvidas.com/biografia/r/ruttmann.htm>.

Feijoo, Benito Jerónimo. «Teatro crítico universal / Benito Jerónimo Feijoo». Biblioteca Virtual Miguel de Cervantes, 1999. <http://www.cervantesvirtual.com/obra/teatro-critico-universal–0/>.

Fitzpatrick, Mariel y Sandra Crucianell. «Los libros que la Junta Militar prohibió mediante órdenes reservadas». *Infobae,* 24 de marzo, 2019. <https://www.infobae.com/politica/2019/03/24/los-libros-que-la-junta-militar-prohibio-mediante-ordenes-reservadas/>.

«Frases de Heinrich Himmler». Frases y pensamientos, 2023. <https://www.frasesypensamientos.com. ar/autor/heinrich-himmler.html>.

«Fred Zinnemann». AlohaCriticón, 2023. <https://www.alohacriticon.com/cine/actores-y-directores/fred-zinnemann/>.

Galindo Rodríguez, José. «Las reformas en la relación iglesia-estado durante el periodo del presidente Salinas». *El estado laico y los derechos humanos en México, 1810-2010.* Coordinado por Margarita Moreno Bonett y Rosa María Álvarez de Lara. México: Facultad de Filosofía y Letras, 2012. <https://archivos.juridicas.unam.mx/www/bjv/libros/7/3101/32.pdf>.

Gallagher, Tap. *The Adventures of Roberto Rossellini: His Life and Films.* USA: Da capo press inc., 1998.

Gansel, Dennis. *La Ola.* 28 de noviembre, 2008. <https://www.sensacine.com/peliculas/pelicula-134390/>.

García Barcala, Jesús. «La implacable venganza nazi: la Masacre de Lídice». Ciencia Historica, 5 de julio, 2017. <ht-

tps://www.cienciahistorica.com/2017/07/05/la-ivenganza-nazi-masacre-lidice/>.

Garcia Colorado, Gabriel e Irma Eréndira Sandoval. *Autonomía y Derechos de los Pueblos indios.* 2a edición. México: Instituto de Investigaciones Legislativas, Talleres Gráficos de la H. Cámara de Diputados, 1998.

García Colorado, Gabriel. *El cine como recurso didáctico.* México: Editorial Trillas, 2010.

García Naranjo, Francisco Alejandro. «Entre la histeria anticomunista y el rencor antiyanqui: Salvador Abascal y los escenarios de la guerra fría en México». Universidad Michoacana de San Nicolás de Hidalgo 19 de mayo, 2014. <https://revistas.uptc.edu.co/index.php/historia_memoria/article/view/3204/5519>.

García Ugarte, Marta Eugenia. *Poder político y religioso. México, siglo XIX.* México: Cámara de Diputados, LXI Legislatura/Universidad Nacional Autónoma de México, Instituto de Investigaciones Sociales/Instituto Mexicano de Doctrina Social Cristiana/Miguel Ángel Porrúa, 2010.

Giardinell, Mempo, «Quema de libros en Argentina: Veinticuatro toneladas de fuego y memoria». El correo de la diaspora latinoaméricaine, 26 de junio, 2013. <http://elcorreo.eu.org/Quema-de-libros-en-Argentina-Veinticuatro-toneladas-de-fuego-y-memoria?lang=fr>.

Giovanni, Thomas. *Di, Novecento.* Traducido por Amparo García. México: Editorial Grijalbo, 1977.

G. M., Abel. «Rodrigo Borgia, un papa sin escrúpulos Se dice que fue el papa Borgia quien escribió el destino de América». *National geographic.* <https://historia.nationalgeographic.com.es/a/rodrigo-borgia-papa-sin-escrupulos_16019>

Gómez Mont, María Teresa. *1915-1939: raíz y simiente de un proyecto nacional*. México: Fondo de Cultura Económica, 2008.

González Domínguez, María del Refugio. «Las Leyes de Reforma y la Constitución de 1857 motivaron la modernización del país: María del Refugio González Domínguez». Secretaría de Cultura, 20 de julio, 2017. <https://www.gob.mx/cultura/prensa/las-leyes-de-reforma-y-la-constitucion-de-1857-motivaron-la-modernizacion-del-pais-maria-del-refugio-gonzalez-dominguez?Idiom=es-MX>.

González, Fernando. «Jesuitas y laicos: diversas maneras de encarar los "arreglos" de 1929». En *Política y Religión*, editado por Agustín Vaca García, 19-35. México: Estudios Jalisciences, número 99, 2014.

González Geraldino, Gustavo. «La homofobia de Pinochet resurge en el ejército chileno». Rebelión, 29 de septiembre, 2004. <https://rebelion.org/la-homofobia-de-pinochet-resurge-en-el-ejercito-chileno/>.

González, Jimena. «Un juego de tochito, el origen del Movimiento Estudiantil de 1968». Expansión política, 2 de octubre, 2018. <https://politica.expansion.mx/mexico/2018/10/02/un-juego-de-tochito-el-origen-del-movimiento-estudiantil-de-1968>.

González Morfín, Juan. «Dwight W. Morrow: retrato de un no-político que supo cambiar las reglas políticas». Redalyc, 30 de junio, 2022. <https://www.redalyc.org/journal/393/39372147008/html/>.

González, Rafael. «Como ahora, crimen en Canoa quedó impune: sobreviviente». *Milenio*, 11 de septiembre, 2018. <https://www.milenio.com/politica/comunidad/como-ahora-crimen-en-canoa-quedo-impune-sobreviviente>.

González Ruiz, Edgar. «La doble moral de la ultraderecha». *Contralínea*, 12 de marzo, 2011. <https://contralinea. com. mx/serrano-limon-la-doble-moral-de-la-ultraderecha/>.

Graham Keeley, «La ultraderecha de Vox ataca los derechos de gays y mujeres en vísperas de las elecciones españolas», *Euronews*, 10 de julio, 2023, < https://es.euronews.com/my-europe/2023/07/10/la-ultraderecha-de-vox-ataca-los-derechos-de-gays-y-mujeres-en-visperas-de-las-elecciones->.

Gregor Campuzano, Javier Mac. «La derecha mexicana en los años veinte: tradición católica y conservadurismo». *Revista de historia de América*, 21 de agosto, 2020, <https://revistasipgh.org/index.php/rehiam/article/view/636/1595>.

Guarner, José Luis. *Roberto Rossellini.* Valencia, España: Editorial Fundamentos, 1972.

Guédiguian, Robert. *El ejército del crimen*, 2009. <https://www. filmaffinity.com/es/film956202.html>.

Guevara, Alfredo Antonio. «La censura y la destrucción de libros en el último Gobierno de facto (1976-1983)». <http://sedici.unlp.edu.ar/bitstream/handle/10915/106048/Documento_completo.pdf?sequence=1>.

Hernández Rodríguez, Rogelio. «La persistencia de una idea: el nacionalismo revolucionario. Del PRI a López Obrador». Foro internacional, 4 de enero, 2020. <https://forointernacional.colmex.mx/index.php/fi/article/view/2732/2647>.

Holiday, Ryan. *El Obstáculo Es el Camino: El Arte Inmemorial de Convertir las Pruebas en Triunfo.* México: Editorial océano, 2019.

Hubeñak, Florencio. «Christianitas: ¿un vocablo o un período histórico?». Universidad Pontificia de Salamanca, <https://repositorio.uca.edu.ar/bitstream/123456789/3149/1/christianitas.pdf>.

Huerta Ortiz, César. «A 50 años de Canoa: una pistola, un cura y amenazas de muerte». *El universal*, 13 de septiembre, 2018. <https://www.eluniversal.com.mx/espectaculos/cine/50-anos-de-canoa-una-pistola-un-cura-y-amenazas-de-muerte>.

Hurtado Razo, Luis Ángel. «Las caras de El Yunque u Orquesta, un acercamiento al actuar de una sociedad reservada-secreta». Scielo, 21 de noviembre, 2019. <http://www.scielo.org.mx/scielo.php?script=sci_arttext&pid=S140509272015000100189>.

Instituto De Investigaciones Jurídicas, UNAM. «Texto original de la Constitución de 1917 y de las reformas publicadas en el Diario Oficial de la Federación del 5 de febrero de 1917 al 1o. de junio de 2009». Biblioteca Jurídica Virtual del Instituto de Investigaciones Jurídicas de la UNAM. <https://archivos.juridicas.unam. mx/www/bjv/libros/6/2802/8.pdf>.

Imaginario, Andrea. «Cubismo: qué es, características, autores y obras». Cultura Genial, 2023. Consultado el <https://www.culturagenial.com/es/cubismo/>.

«John Locke: Biografía, Características, Ideas, Frases, y mucho más». Personajes Históricos, 2023. <https://personajeshistoricos.com/c-filosofos/john-locke/>.

José Valenzuela, Georgette Emilia. *El relevo del caudillo*. México: Ediciones El Caballito, 1982.

«Josef Mengele». Enciclopedia del Holocausto, 10 de agosto, 2023. <https://encyclopedia.ushmm.org/content/es/article/josef-mengele>.

Kellerhoff, Sven Felix. *Mi lucha. La historia del libro que marco el siglo XX*. México: Editorial Crítica, 2016.

Krauze, Enrique. «José Vasconcelos, la grandeza del caudillo». Letras libres, 31 de diciembre, 2000. <https://letraslibres.com/revista-mexico/jose-vasconcelos-la-grandeza-del-caudillo/>.

«La Constitución de 1819». El historiador, 2023. <https://www.elhistoriador.com.ar/la-constitucion-de-1819/>.

«La educación cardenista». *Instituto Nacional de Estudios Históricos de las Revoluciones de México.* <https://inehrm.gob.mx/work/recursos/Cardenas/pdf/2_ LaEducacionCardenista.pdf>.

«La expulsión de los Jesuitas de España». Biblioteca Virtual Miguel de Cervantes, 2023. <http://www.cervantesvirtual.com/portales/expulsion_jesuitas/expulsion_espana/>.

«La Guardia de Hierro». AcademiaLab, 2023. <https://academia-lab.com/enciclopedia/guardia-de-hierro/>.

«"La homosexualidad durante el franquismo", en 'Documentos RNE'». RTVE, 4 de abril, 2016. <https://www.rtve.es/radio/20161104/homosexualidad-durante-franquismo-documentos-rne/1437107.shtml>.

«La Ilustración». Enciclopedia de Historia, agosto, 2022. <https://enciclopediadehistoria.com/la-ilustracion/>.

«La intelligentzia». Educalingo, 2023. Consultado el <https://educalingo.com/es/dic-fr/intelligentzia>.

«La persecución de los homosexuales del tercer reich». Enciclopedia del holocaust. <https://encyclopedia.ushmm.org/content/es/article/gay-men-under-the-nazi-regime>.

La redacción. «La UNAM es considerada la mejor universidad de México en el Shanghai Ranking». *Proceso,* 15 de agosto, 2023. <https://www.proceso.com.mx/nacional/

2023/8/15/la-unam-es-considerada-la-mejor-universidad-de-mexico-en-el-shanghai-ranking-312837.html>.

«Las 5 películas de Luis Buñuel que aparecen en la lista de los 100 mejores filmes de habla no inglesa de la historia elaborada por la BBC». BBC News Mundo, 20 de noviembre, 2018. <https://www.bbc.com/mundo/noticias-46095934>.

«Las Guerras del Opio». Enciclopedia de Historia, agosto, 2021. <https://enciclopediadehistoria.com/guerras-del-opio/>.

Lasa, Carlos Daniel. «La importancia del libertinismo erudito en el atisbo de la Modernidad». *Philosophia Revista de Filosofía,* vol. 75, núm. 1, (2015): 33-46. <https://www.redalyc.org/pdf/6039/603966968003.pdf>.

«Lateran Treaty Italy [1929]». Britannica. <https://www.britannica.com/event/Lateran-Treaty>

Ley de desamortización de bienes de manos muertas, <https://www.cndh.org.mx/noticia/ley-de-desamortizacion-de-bienes-de-manos-muertas-o-ley-lerdo>

«Ley de Prensa de 1938». Iniciativa memorialista por el legado republicano. <https://iniciativamemorialistalegado-republicano.wordpress.com/2016/10/12/ley-de-prensa-de-1938/>.

Ley sobre delitos y faltas en materia de culto religioso y disciplina externa.

Ley sobre libertad de cultos, <https://inehrm.gob.mx/work/models/Constitucion1917/Resource/338/1/images/LR_bjuarez37.pdf>.

Lestang, Guillemette. «Cristiada: El papel de las mujeres en la guerra cristera». Que no te la cuenten… la falsificación de la realidad, 27 de junio, 2014. <https://www.quenotelacuenten.org/2014/06/27/cristiada-el-papel-de-las-mujeres-en-la-guerra-cristera/>.

«Liga Nacional Defensora De La Libertad Religiosa». Ahunam, 2015. <http://www. ahunam.unam.mx/consultar_fcu?id=3.16.>.

Lira Saade, Carmen. «La Unión Nacional de Padres de Familia, creada para combatir la educación laica». Jornada, 5 de febrero, 2003. <https://www.jornada.com.mx/2003/02/05/044n2soc.php?printver=0>.

Listado de Diputados por Grupo Parlamentario. <http://sitl.diputados.gob.mx/LXV_leg/listado_diputados_gpnp.php?tipot=TOTAL>.

«Litterae Apostolicae. Quanta Cura». Dicastero per la Comunicazione-Librería Editrice Vaticana. <https://www.vatican.va/content/pius-ix/la/documents/encyclica-quanta-cura-8-decembris-1864.html>.

Loaeza, Soledad. «La reforma política de Manuel Ávila Camacho». El Colegio de México, 24 de abril, 2012. <https://historiamexicana.colmex.mx/index.php/RHM/article/view/160/137>.

Loaeza, Soledad. «Notas para el estudio de la Iglesia en el México contemporáneo». En *Religión y política en México*, coordinado por Martín de la Rosa y Charles Reilly. México: Siglo XXI-Universidad de California, 1985.

López, Alejandro I. «Políticas de censura: la quema de libros durante la dictadura en Chile». Rompe viento, 2 de noviembre, 2019. <https://www.rompeviento.tv/quema-de-libros-dictadura-chile/>.

López Bárcenas, Francisco. «Los movimientos indígenas en México: rostros y caminos». *Redalyc*, núm. 200 (2016): 60-75. <https://www.redalyc.org/pdf/325/32548630006.pdf>.

«Los muertos de Tlatelolco, ¿cuántos fueron?». *Aristegui Noticias*, 1 de octubre, 2013. <https://aristeguinoticias.

com/0110/mexico/los-muertos-de-tlatelolco-cuantos-fueron/>.

Lozano, Ana. «Frases y lemas de políticos que no debemos olvidar». *Sdpnoticias,* 13 de septiembre, 2017. <https://www.sdpnoticias.com/columnas/politicos-frases-lemas.html>.

Lüpke Marc, MH. «Quema de libros por los nazis». DW, 10 de mayo, 2013. <https://www.dw.com/es/10-de-mayo-1933-quema-de-libros-por-los-nazis/a-16805510>.

Mac Gregor Campuzano, Javier. *Imaginar el futuro. partidos nacionales y programas políticos en México 1918-1928.* España: Editorial UAM, 2016

McTeigue, James. V de Vendetta. 7 de abril, 2006. <https://www.sensacine.com/peliculas/pelicula-58911/>.

Martínez Assad, Carlos. «Marta Eugenia García Ugarte. *Poder político y religioso. México siglo XIX,* 2 t.». Revista mexicana de sociología, vol.74, núm. 2, abril-junio (2012).

Malraux, André. Sierra de Teruel (1938). 1 de enero, 1938. <https://www.rtve.es/play/videos/filmoteca/sierra-de-teruel-1938/3918025/>.

Marín García, Alfredo. «Monarquía constitucional». Economipedia, 1 de abril, 2020. <https://economipedia.com/definiciones /monarquia.html>.

Marqués-Marcet, Carlos. *La mort de Guillem,* 2020. <https://www.filmaffinity.com/es/film865524.html>.

Martín del Campo, Marielos. «México tuvo nazis: la siniestra organización secreta que existió en la SGM». *El Sol de México.* 31 de marzo, 2022. <https://www.elsoldemexico.com.mx/doble-via/nazis-en-mexico-union-sinarquista-nacional-8074419.html>

Martínez, Rubí. «UNAM, la mejor universidad de México: ranking de Shanghái 2023». Infobae, 15 de agosto,

2023. <https://www.infobae.com/mexico/2023/08/15/unam-la-mejor-universidad-de-mexico-ranking-de-shanghai-2023/>.

«Max Aub. Biografía». Cervantes.org, mayo, 2022. *<https://www.cervantes.es/bibliotecas_documentacionespanol/biografias/argel_max.aub.html>*

Meloni, Giorgia. «Daremo alle donne il diritto di non abortire». La Repubblica, 25 de septiembre, 2022. <https://www.repubblica.it/politica/2022/09/15/news/meloni_aborto_legge_194_reazioni-365762519/>.

Membrila, Janet. «Dos famosos nazis». *El Universal,* 29 de agosto, 2019. <https://www.eluniversal.com.mx/opinion/mochilazo-en-el-tiempo/dos-famosos-nazis-en-mexico>.

México. «Ley Juárez (23 de noviembre de 1855) o Ley sobre administración de Justicia y orgánica de los tribunales de la Nación, del distrito y territorios». Biblioteca Virtual Miguel de Cervantes, 2019. <http://www.cervantesvirtual.com/obra/ley-juarez-23-de-noviembre-de-1855-o-ley-sobre-administracion-de-justicia-y-organica-de-los-tribunales-de-la-nacion-del-distrito-y-territorios-970467/>.

Meyer, Jean. «Cómo se tomó la decisión de suspender el culto en México en 1926?». *Revista de Estudios Históricos,* núm. 64, julio-diciembre, (2016): 165-94. <http://www.scielo.org.mx/pdf/treh/n64/2007-963X-treh-64-00165.pdf>.

Montano, Joaquín. «Milagro mexicano». Lifeder, 26 de mayo, 2021. <https://www.lifeder.com/milagro-mexicano/>.

Moreno Rivera, Emmanuel. «Narciso Bassols intelectual y revolucionario mexicano». El pensamiento latinoamericano del siglo XX ante la condición humana, octubre, 2006. <https://www.ensayistas.org/critica/generales/C-H/mexico/bassols-n.html>.

«Movimientos guerrilleros en México». LaRed21, 11 de marzo, 2001. <https://www.lr21.com.uy/mundo/37939-movimientos-guerrilleros-en-mexico>.

«Muy pronto tendremos VOX México: diputada de Querétaro; "tiemblen progres", dice». *Milenio,* 6 de septiembre, 2021. <https://www.milenio.com/politica/muy-pronto-tendremos-vox-mexico-diputada-de-queretaro>.

Natarajan, Swaminathan. «Liberación de Auschwitz: la dramática historia de los Sonderkommandos, los judíos forzados a trabajar en las cámaras de gas durante el Holocausto». BBC News Mundo, 26 de enero, 2020. <https://www.bbc.com/mundo/noticias-51246775>.

Néstor Musa, Marcelo. «Álvaro Obregón». Enciclopedia de Historia, 2022. <https://www.enciclopediadehistoria.com/alvaro-obregon/>.

Néstor Musa, Marcelo. «Ku Klux Klan». Enciclopedia de Historia, abril, 2023. <https://enciclopedia dehistoria.com/ku-klux-klan/>.

Nuñez, Jorge. «La Revolución Francesa y la Independencia de América Latina». *Revista análisis,* núm. 103, septiembre-octubre, (1989). <https://nuso.org/articulo/la-revolucion-francesa-y-la-independencia-de-america-latina/>.

«Oceanografía, los hijos de Marta y sus contratos con Pemex... ¿qué investigaron los diputados?». *Aristegui Noticias,* 3 de marzo, 2014. <https://aristeguinoticias.com/0303/mexico/oceanografia-los-hijos-de-marta-y-sus-contratos-con-pemex-que-investigaron-los-diputados/>

Offray De La Mettrie, Julien. *El hombre máquina.* España: Editorial Universitaria de Buenos Aires, 2003.

Olvera, Nilda. «El negro" Durazo: símbolo de la corrupción de México». Mugs noticias, 5 de agosto, 2020. <https://www.mugsnoticias.com.mx/uncategorized/el-negro-durazo-simbolo-de-la-corrupcion-de-mexico/>.

Oppenheim, Charles H. «El año que vivimos en peligro». *Expansion*, 7 de mayo, 2019. <https://expansion.mx/opinion/2019/05/07/opinion-el-ano-que-vivimos-en-peligro>.

Ortoll, Servando. «María del Carmen Collado Herrera, Dwight W. Morrow: reencuentro y revolución en las relaciones entre México y Estados Unidos, 1927-1930». *América. Latina en la historia económica*, núm. 33, enero-junio (2010): 255. <https://www.scielo.org. mx/scielo.php?script=sci arttext&pid=S1405-22532010000100007#notas>.

Pabst, G.W. *Kameradschaft*. 1931. <https://www.allmovie.com/movie/kameradschaft-v26908>.

Pacheco, María Martha. «¡Cristianismo sí, comunismo no!. Anticomunismo eclesiástico en México». Estudios de Historia Moderna y Contemporánea de México, 2006. <https://moderna.historicas.unam.mx/index.php/ehm/article/view/3069/68797#:~:text=ANTICOMUNISMO%20ECLESI%C3%81STICO%20EN%20M%C3%89XICO&text=La%20Iglesia%20cat%C3%B3lica%20combati%C3%B3%20de,P%C3%ADo%20XI%20en%20el%20>.

«Padres de 49 niños muertos en incendio de guardería ABC protestan en México». 15 minutos, 5 de junio, 2022. <https://www.15minutos.com/latinoamerica/padres-de-49-ninos-muertos-en-incendio-de-guarderia-abc-protestan-en-mexico/>.

«Panorama político de la Universidad Nacional Autónoma de México (U.N.A.M.): Análisis actual de los grupos políticos estudiantiles». Archivos de la represión. <https://biblioteca.archivosdelarepresion.org/item/84864#?c=&m=&s=&cv=&xywh=-667%2C-192%2C5940%2C3840>.

Parker, Alan. *Arde Mississippi.* 17 de marzo, 1989. <https://www.sensacine.com/peliculas/pelicula-30472/>.

Rosental M. y P. Iudin. *Diccionario filosófico marxista.* Montevideo: Ediciones Pueblos Unidos, 1946.

Papa Clemente XIV, «Dominus Ac Redemptor. Breve de supresión de la Compañía de Jesús», *Revista trimestral del Departamento Filosofía y Humanidades ITESO,* vol. 23, núm. 92 (2014), <https://dialnet.unirioja.es/servlet/articulo?codigo=5094603>.

«Pelagio Antonio de Labastida y Dávalos». Humanistas, 2008. <http://www.humanistas.org.mx/LabastidaPelagio.htm>.

Petersen, Diego. «El PAN y la extrema derecha». *Informador. mx,* 1 de julio, 2014. <https://www.informador.mx/Ideas/El-PAN-y-la-extrema-derecha-20140701-0184.html>.

Peterson Farah, Diego. «Adiós a los príncipes de Prigione». El Economista, 22 de diciembre, 2017. <https://www.eleconomista.com.mx/opinion/Adios-a-los-principes-de-Prigione-20171222-0033.html>.

Pichel, Mar. «Por qué cayó el Muro de Berlín y cómo su desaparición cambió el mundo». *BBC News,* 9 de noviembre, 2019. <https://www.bbc.com/mundo/noticias-internacional-50214151>.

«Pio XI Carta Encíclica Quas Primas, del Sumo Pontífice. Sobre la fiesta de Cristo Rey». Roma, 11 de diciembre, 1925. <https://www.vatican.va/content/pius-xi/es/encyclicals/documents/hf_p-xi_enc_11121925_quas-primas.html>.

Pío XI, Divini redemptoris. Carta encíclica sobre el comunismo ateo. 19 de marzo de 1937. 5a edición. México: Ediciones Paulinas, 1988.

Polychroniou Truthout C.J. «Noam Chomsky: Vamos en camino a una forma de neofascismo» *La jornada,* 12 de diciembre, 2022. <https://www.jornada.com.mx/notas/2022/12/12/chomsky/noam-chomsky-vamos-en-camino-a-una-forma-de-neofascismo/>.

Por Grupo Parlamentario. <https://www.senado.gob.mx/64/senadores/por_grupo_parlamentario>.

Prieto Jiménez, Abel. «Farenheit 451». *La Jornada,* 2018. <https://www.jornada.com.mx /2020/09/07/opinion/a06a1cul>.

«Programa Universitario de Derechos Humanos de la UNAM». Perseo, 2023. <http://www.pudh.unam.mx/perseo/autocracia-o-democracia/>.

«¿Qué eran las SS?». UNESCO, 2022. <https://aboutholocaust.org/es/facts/que-eran-las-ss/>.

«¿Qué eran y qué función tenían las SA (Sturmabteilung) alemanas?». Vivir diario, 2023. <https://www.vivirdiario.com/15/4/que-eran-y-que-funcion-tenian-las-sa-sturmabteilung-alemanas/>.

«¿Qué es ucronía?». Significados.com., 1 de enero, 2019. <https://www.significados.com/ucronia/>.

Sevilla Arias, Andrés. «¿Qué son los bonos?». Economipedia, 1 de marzo, 2020. <https://economipedia.com/definiciones/bono.html>.

«¿Qué hizo Genaro García Luna? Los delitos de lo que es declarado culpable». *Expansión política,* 21 de febrero, 2023. <https://politica.expansion.mx/mexico/2019/12/10/

conspiracion-para-distribuir-cocaina-uno-de-los-delitos-contra-garcia-luna>.

«Quema de Libros durante la Dictadura militar en Argentina (1976-1983) "La Memoria es imprescindible para entender nuestro pasado y comprender tantas actitudes del presente."». Biblioteca. Centro de Documentación Multimedia, 27 de junio, 2020. <https://cdmbiblioteca.blogspot.com/2020/06/quema-de-libros-durante-la-dictadura.html>.

«Qué sabemos sobre la ley anti LGBT de Hungría que se coló a la Eurocopa». *Expansión,* 23 de junio, 2021. <https://expansion.mx/mundo/2021/06/23/que-sabemos-sobre-la-ley-anti-lgbt-de-hungria-que-se-colo-a-la-eurocopa>.

«Quién fue Lázaro Cárdenas y cuáles fueron sus aportaciones». Cultura Colectiva, 17 de marzo, 2023. <https://culturacolectiva.com/historia/quien-fue-lazaro-cardenas-y-cuales-fueron-sus-aportaciones>.

Quiroa, Myriam. «Competencia oligopolística». Economipedia, 1 de octubre, 2021. <https://economipedia.com/definiciones/competencia-oligopolistica.html>.

Rees, Dee. *Mudbound.* 2017. <https://www.filmaffinity.com/es/film924281.html>.

«Relatives of 49 children killed in Mexico day care fire demand justice a year later». *Fox News* 5 de junio. 2010. <https://www.foxnews.com/world/relatives-of-49-children-killed-in-mexico-day-care-fire-demand-justice-a-year-later>.

Rememoración de la firma del tratado Guadalupe hidalgo: reflexiones sobre la soberanía nacional. México: Cámara de Diputados. Instituto de Investigaciones Legislativas, 1999.

Reyes Vizcaíno, María. «El delito canónico de simonía». Ius Canonicum-Derecho Canónico-Delitos y penas en particular, 2023. <https://iuscanonicum.org/index.php/derecho-penal/delitos-y-penas-en-particular/560-el-delito-canonico-de-simonia.html>.

Ricard, Robert. *La conquista espiritual de México: Ensayo sobre el apostolado y los métodos misioneros de las órdenes mendicantes en la Nueva España de 1523 a 1572.* Traducido por Ángel María Garibay K. México: Fondo de Cultura Económica, 1986.

Rina Simón, César. «Fascismo, nacionalcatolicismo y religiosidad popular. Combates por la significación de la dictadura (1936-1940)». Historia y Política, 2017. <https://www.academia.edu/78679923/Fascismo_nacionalcatolicismo_y_religiosidad popular_Combates_por_la_significaci%C3%B3n_de_la_dictadura_1936_1940>.

Rivera Castro, José. «Política agraria y movilización campesina en México (1934-1940)». En *Lázaro Cárdenas: Modelo y Legado,* Secretaría de Cultura-Instituto de Estudios Históricos de las Revoluciones de México, 259-86. México: INERHM, 2020.

«La conquista de Abisinia (1935-1936)». Revista digital de Historia y Ciencias Sociales, 2004. <http://www.claseshistoria.com/2guerramundial/antecedentes-abisinia.html>.

Rodríguez, Olga. «El 'bibliocausto' español, la quema de libros por el franquismo durante la guerra y la posguerra». *El Diario,* 19 de noviembre, 2020. <https://www.eldiario.es/sociedad/bibliocausto-espanol-quema-libros-franquismo-durante-guerra-posguerra_1_6430284.html>.

Rodríguez Prats, Juan José. «Política de principios». *Excelsior.* <https://www.excelsior.com.mx/opinion/juan-jose-rodriguez-prats/2016/05/26/1094966>.

Romero Apis, José Elías. «Nuestras pesadillas recurrentes». *Excelsior.* <https://www.excelsior.com.mx/opinion/jose-elias-romero-apis/2016/11/25/1130317>.

Rossif, Frédéric. *Morir en Madrid.* <https://www.youtube.com/watch?v=iMyT53vjw-o&t=295s>.

Ruiz-Gálvez Priego, Estrella. «La Conquista espiritual de México: Robert Ricard (1900-1983) y los comienzos del hispanismo americanista francés en su relación con la crisis del modernismo teológico». *Investigaciones Históricas, época moderna y contemporánea,* núm. 39, (2019): 357-412

Sacristan Roy, Emilio. «Las privatizaciones en México», *Economía UNAM* vol. 3, núm. 9, (2006): 54-64.

Salguero, Ángel. «La mort de Guillem, un retrato íntimo del dolor de una familia». El Mundo, 11 de septiembre, 2020. <https://www.elmundo.es/comunidad-valenciana/2020/09/11/5f5ac498fdddff5c978b45a2.html>.

Sánchez Galán, Javier. «Autocracia». Economipedia, 1 de julio, 2020. <https://economipedia.com/definiciones/autocracia.html>.

Sanchez Silva, Daniel. «Crisis de la monarquía Española (1808-1814). Influencia de Manuel Godoy». *Revista Tiempo y Espacio* vol.24, núm. 61, junio, (2014): 413-22.

Sánchez, Aminetth. «Caso Colosio: rastros de muerte». *Milenio,* 21 de marzo, 2019. <https://www.milenio. com/policia/caso-colosio-rastros-de-muerte>.

Sanhueza, Ana María. «El informe pericial concluye que Pablo Neruda murió envenenado, según la familia». *El País,* 13 de febrero, 2023. <https://elpais.com/chile/2023-02-13/la-familia-de-pablo-neruda-asegura-que-el-premio-nobel-murio-envenenado.html>.

Sanz, Inés. «¿Qué es la Universitas Christiana?». História política, 13 de octubre, 2011. <http://historiapolticaysocial.blogspot.com/2011/10/que-es-la-universitas-christiana.html>.

Semo, Enrique. «Los cien días: la aristocracia criolla y la independencia». <https://www.iai.spk-berlin.de/fileadmin/dokumentenbibliothek/Indiana/Indiana_ 10/IND_10_Semo.pdf>.

Serrano Álvarez, Pablo. «¿Cuál fue la traición a la rebelión cristera?». Relatos e historias en México, 2023. <https://relatosehistorias.mx/nuestras-historias/cual-fue-la-traicion-la-rebelion-cristera>.

Schmidt, Samuel, Xóchitl Patricia Campos López, y Diego Martín Velázquez Caballero. «Macartismo y Cine. La ultraderecha y el Vaticano creando una época de obscuridad en Estados Unidos». *Estudios Políticos,* núm. 56, mayo (2022). <https://doi.org/10.22201/fcpys.24484903e.2022.56.82565>.

Schreiber, Mariana. «Por qué Lula pasó 580 días en la cárcel y luego su condena fue anulada». BBC News Mundo, 31 de octubre, 2022. <https://www.bbc.com/mundo/noticias-america-latina-62987279>.

«Significado de autocracia». Significados, 2023. <https://www.significados.com/autocracia/>.

Signori, Elisa. «El Fascismo Italiano y La Universidad: El Caso de Pavía». *Ayer,* núm. 101, (2016): 23–50. <http://www.jstor.org/stable/ 24759485>.

Silva Antonio, Martha. *Entre la militancia política y la católica Alfonso Ituarte Servín (1956-1959).* México: Tesis para obtener el grado de doctora en ciencias sociales, Universidad Autónoma Metropolitana, 2010.

Silva Herzog, Jesús. «Importar fascismo». *El Siglo de Torreón,* 21 de noviembre, 2022. <https://www.elsiglodetorreon.com.mx/noticia/2022/importar-fascismo.html>.

Sortillón Valenzuela, Manuel de Jesús. «El General Don Abelardo Rodríguez Luján». Historia de Hermosillo. <http://www.historiadehermosillo.com/htdocs/ARTICULOS/alrf.htm>.

Spielberg, Steven. *La Lista de Schindler. 1993.* <https://www.filmaffinity.com/es/film656153.html>.

Spindola Zago, Octavio. «Hemos hecho Italia, ahora tenemos que hacer a los italianos. El aparato educativo transnacional del régimen fascista italiano, 1922-1945». *Historia mexicana, El Colegio de México,* vol. 69, núm. 3, enero-marzo (2020).

https://kripkit.com/stefano-pittaluga/>.

Stéphane, Nicole. Morir en Madrid (1962). 18 de abril, 1963. <https://www.youtube.com/watch?v=E5Cpv8YsLT0>.

Trias Sagnier, Jorge. «La shoah». ABC Sociedad, 30 de noviembre, 2010. <https://www.abc.es/sociedad/shoah201011300000_noticia.html?ref=https%3A%2F%2Fmx.search.yahoo.com%2F>.

Strasser, Todd. *La ola.* México: Blackie books, 2022.

Tapia González, Claudia Gabriela. «La antirreligiosidad de la educación socialista. Maestros y católicos ante la campaña de desfanatización». *La Colmena.* <http://web.uaemex.mx/plin/colmena/Colmena42/Colmenario/Claudia.html>.

Torres Septién, Valentina. La educación privada en México, 1903-1976. México: Universidad Iberoamericana-El Colegio de México, 1997.

Tuck, Jim. «The anti-clerical who led a catholic rebellion». <https://www.latinamericanstudies.org/mexico/gorostieta.htm>.

SOBRE LOS AUTORES

Sergio Gabriel García Colorado, nació en la hoy Ciudad de México en 1954. Estudió medicina en la Facultad de la Universidad Nacional Autónoma de México, misma institución en la que se desempeñó como profesor durante tres décadas, hasta su jubilación en 2018. Fue profesor en la Universidad Autónoma Metropolitana, la Universidad Marista, la Universidad Pontificia de México y la Organización Panamericana de la Salud. Profesor invitado en diversas universidades, centros hospitalarios, asociaciones científicas y profesionales, donde ha dictado más de 500 conferencias en temas de bioética, derechos humanos y otros temas vinculados.

Laboró en el Instituto Nacional de Neurología y Neurocirugía "Manuel Velasco Suárez", en el Instituto Nacional de Rehabilitación, en la Dirección General de Enseñanza e Investigación en Salud, así como en las comisiones de Salud de la Cámara de Diputados, la Cámara de Senadores y la entonces Asamblea Legislativa del Distrito Federal.

Es autor de más de veinte libros de bioética, de los que sobresalen: *Derechos humanos y legislación en bioética*; *Bioética y muerte*; *Bioética y buenas prácticas en salud*. En materia de derechos humanos, además de los vinculados con salud, ha escrito sobre los derechos de los pueblos indígenas y los derechos de la juventud. Cuenta, además, con un centenar de artículos publicados en diversas revistas.

Actualmente cursa la licenciatura en Derecho en la Universidad Nacional Autónoma de México, en donde señala la fortuna de haber coincidido con el profesor Rafael Caballero Hernández.

Rafael Caballero Hernández nació en la Ciudad de México, el 30 de julio de 1983. Es licenciado en Derecho por la Facultad de Derecho de la Universidad Nacional Autónoma de México, y maestro en Derecho por su División de Estudios de Posgrado. En 2011, obtuvo el nombramiento de académico ayudante de profesor en la Facultad de Derecho y, en 2015, fue nombrado profesor de asignatura de la División de Universidad Abierta. Cuenta, a la fecha, con una antigüedad académica de once años en el Sistema de Universidad Abierta de la UNAM, donde ha impartido las asignaturas: Teoría de la Constitución, Teoría del Estado y Lexicología jurídica; asimismo, en el sistema escolarizado, ha impartido las asignaturas: Derecho constitucional y Metodología jurídica.

De 2010 a 2016, fue corrector de estilo y editor adjunto de la *Revista de la Facultad de Derecho de México.* De 2016 a 2020, fue subdirector de investigación y publicaciones en el Instituto de la Judicatura Federal (hoy Escuela Federal de Formación Judicial) del Poder Judicial de la Federación, donde desarrolló diversas líneas de investigación y fungió como editor académico de más de una veintena de libros y de la *Revista del Instituto de la Judicatura Federal,* así como del *Anuario de Derechos Humanos del Instituto de la Judicatura Federal.* De junio de 2021 a la fecha se desempeña como subdirector de investigación en el Centro de Investigaciones Judiciales del Poder Judicial del Estado de México.

En relación con su producción científica, es coordinador —junto con Manuel de Jesús Jiménez Moreno— del libro *Derecho y Literatura. Persiana americana* (Tirant lo Blanch/ Poder Judicial del Estado de México, 2022), y autor de diversos artículos académicos en revistas arbitradas. También ha publicado capítulos en obras coordinadas, así como prólogos y reseñas de libros.

Respecto de sus actividades de divulgación científica, ha dictado ponencias en congresos y coloquios nacionales e internacionales. Ha organizado, coordinado y moderado diversos eventos académicos en la UNAM, y ha participado en programas de radio y mesas de debate. Su área disciplinaria de desarrollo académico es el derecho constitucional, en específico su relación con la cultura y las humanidades. Asimismo, sus líneas de investigación son la teoría constitucional contemporánea y la función judicial.

De 2006 a 2011, fue meritorio y asistente de investigación en el Instituto de Investigaciones Jurídicas de la UNAM. Asimismo, de 2012 a 2014, fue becario nacional del Consejo Nacional de Ciencia y Tecnología (CONACYT) para realizar sus estudios de maestría. En 2016, representó a la Facultad de Derecho de la UNAM en el seminario internacional OASIS (Oral Adversarial Skill-Building Immersion Seminar), celebrado en la Universidad de Harvard (EUA). En 2022, fue galardonado con la Medalla por diez años de servicios académicos; y en 2023 obtuvo el "Premio Pablo González Casanova", que reconoce la labor académica de excelencia en el sistema de universidad abierta de la UNAM.